主编　李天纲

中国国家图书馆藏

民国西学要籍汉译文献·经济学（第六辑）

劳资协调论

[美] 纽藩（Oscar Newfang）著
李　謩　译述

上海社会科学院出版社
Shanghai Academy of Social Sciences Press

图书在版编目(CIP)数据

劳资协调论／（美）纽藩（Newfang,O.）著；李蕾译述. —上海：上海社会科学院出版社，2016
（民国西学要籍汉译文献／李天纲主编. 经济学）
ISBN 978-7-5520-1210-1

Ⅰ. ①劳… Ⅱ. ①纽…②李… Ⅲ. ①劳资关系－协调－研究 Ⅳ. ①F246

中国版本图书馆CIP数据核字(2016)第046329号

劳资协调论

主　　编：李天纲
编　　纂：赵　炬
责任编辑：唐云松
特约编辑：陈宁宁
封面设计：清　风
策　　划：赵　炬
执　　行：取映文化
加工整理：嘎　拉　江　岩　牵　牛　莉　娜
责任校对：笑　然
出版发行：上海社会科学院出版社
上海淮海中路622弄7号　电话63875741　邮编200020
http://www.sassp.org.cn　E-mail:sassp@sass.org.cn
排　　版：上海永正彩色分色制版有限公司
印　　刷：常熟市人民印刷厂
开　　本：650×900毫米　1/16开
字　　数：150千字
印　　张：13.5
版　　次：2016年4月第1版　2016年4月第1次印刷

ISBN 978-7-5520-1210-1/F.401　　定价：68.00元（精装）

民国西学：中国的百年翻译运动

——『民国西学要籍汉译文献』序

李天纲

继唐代翻译印度佛经之后，二十世纪是中文翻译历史上的第二个高潮时期。来自欧美的『西学』，以巨大的规模涌入中国，参与改变了一个民族的思维方式，这在人类文明史上也是罕见的。域外知识大规模地输入本土，与当地文化交换信息，激发思想，乃至产生新的理论，全球范围也仅仅发生过有数的那么几次。除了唐代中原人用汉语翻译印度思想之外，公元九、十世纪阿拉伯人翻译希腊文化，有一场著名的『百年翻译运动』之外，还有欧洲十四、十五世纪从阿拉伯、希腊、希伯来等『东方』民族的典籍中翻译古代文献，汇入欧洲文化，史称『文艺复兴』。中国知识分子在二十世纪大量翻译欧美『西学』，可以和以上的几次翻译运动相比拟，称之为『中国的百年翻译运动』、『中国的文艺复兴』并不过分。

运动似乎是突如其来，其实早有前奏。梁启超（1873–1929）在《清代学术概论》中说：『自明末徐光启、李之藻等广译算学、天文、水利诸书，为欧籍入中国之始。』利玛窦（Mateo Ricci, 1552–1610）、徐光启、李之藻等人发动的明末清初天主教翻译运动，比清末的『西学』早了二百多年。梁启超有所不知的是：利、徐、李等人不但翻译了天文、历算等『科学』著作，还翻译了诸如亚里士多德《论灵魂》（《灵言蠡勺》）、《形而上学》（《名理探》）等神学、哲学著作。梁启超称明末翻译为『西学东渐』之始是对的，但他说其『范围亦限于天（文）、（历）算』，则误导了他的学生们一百年，直到今天。

从明末到清末的『西学』翻译只是开始，而且断断续续，并不连贯成为一场『运动』。各种原因导致了『西学』的挫折：被明清易代的战火打断；受清初『中国礼仪之争』的影响；欧洲在1773年禁止了耶稣会士的传教活动，以及儒家保守主义思潮在清代的兴起。鸦片战争以后很久，再次翻译『西学』，仍然只在上海和江南地区。从翻译规模来看，以上海为中心的翻译人才、出版机构和发行组织都比明末强大了，影响力却仍然有限。梁启超说：『惟（上海江南）制造局中尚译有科学书二三十种，李善兰、华蘅芳、赵仲涵等任笔受。其人皆学有根底，对于所译之书责任心与兴味皆极浓重，故其成绩略可比明之徐、李。』梁启超对清末翻译的规模估计还是不足，但说『戊戌变法』之前的『西学』翻译只在上海、香港、澳门等地零散从事，影响范围并不及于内地，则是事实。

对明末和清末的『西学』做了简短的回顾之后，我们可以有把握地说：二十世纪的中文翻译，或曰中华民国时期的『西学』，才是称得上有规模的『翻译运动』。也正是在二十世纪的一百年中，数以千计的『汉译名著』成为中国知识分子的必读教材。1905年，清朝废除了科举制，新式高等教育以新建『大学堂』的方式举行，而不是原来尝试的利用『书院』系统改造而成。新建的大学、中学，数理化、文史哲、政经法等等学科，都采用了翻译作品，甚至还有西文原版教材，于是，中国读书人的思想中又多了一种新的标杆，即在『四书五经』之外，还必须要参考一下来自欧美的『西方经典』，甚至到了『言必称希腊、罗马』的程度。

我们在这里说『民国西学』，它的规模超过明末、清末；它的影响遍及沿海、内地；它借助二十世纪的新式教育制度，渗透到中国人的知识体系、价值观念和行为方式中，这些结论虽然都还需要论证，但从一般直觉来看，是可以成立的。中国二十世纪的启蒙运动，以及『现代化』、『世俗化』、『理性化』，都与『民国西学』的翻译介绍直接有关。然而，『民国西学』到底是一个多大的规模？它是一个怎样的体系？它们是以什么方式影响了二十世纪的中国思想？这些问题都还没有得到认真研究，我们并没有一个清晰的认识。还有，哪些著作得到了翻译，哪些译者的影响最大？『西学东渐』的代表，明末有徐光启，清末有严复，那『民国西学』的代表作在哪里？这一系列问题我们并不能明确地回答，原因就在我们对民国翻译出版的西学著作并无一个全程的了解，民国翻译的那些哲学、社会科学、人文学科的『西学』著作，束之高阁，已经好多年。

举例来说，1935年，上海生活书店编辑《全国总书目》，『网罗全国新书店、学术机关、文化团体、图书馆、政府机关、研究学会以及个人私家之出版物约二万种』。就是用这二万种新版图书，生活书店编制了一套全新分类，分为：『总类、哲学、社会科学、宗教、自然科学、文艺、语文学、史地、技术知识』。一瞥之下，这个图书分类法比今天的『人大图书分类法』更仔细，因为翻译介绍的思潮、学说、学科、流派更庞大。尽管并没有统一的『社科规划』和『文化战略』，『民国西学』却在『中国的文艺复兴』运动推动下得到了长足发展。查看《全国总书目》（上海，生活书店，1935），在『社会科学·社会科学一般·社会主义』的子目录下，列有『社会主义概论、社会主义史、科学的社会主义、无政府主义、基尔特社会主义、乌托邦社会主义、基督教社会主义、议会派社会主义』等；在『社会科学·政治·政体政制』的子目录下，列有『政治制度概论、政治制度史、宪政、民主制、独裁制、联邦制、各种政制评述、各国政制、中国政制、现代政制、中国政制史』等，翻译、研究和出版，真的是与欧美接榫，与世界同步。1911年以后的38年的『民国西学』为二十世纪中国学术打下了扎实的基础，而我们却长期忽视，不作接续。

编辑出版一套『民国西学要籍汉译文献』，把中华民国在大陆38年期间翻译的社会科学和人文学科著作重新刊印，对于我们估计、认识和研究『中国的百年翻译运动』、『中国的文艺复兴』，接续当时学统，无疑是有着重要的意义。1980年代初，上海、北京的学术界以朱维铮、庞朴先生为代表，编辑『中国文化史丛书』，一个宗旨便是要接续1930年代商务印书馆王云五主编『中国文化史丛书』，重振旗鼓，『整理国故』，先是恢复，然后才谈得上去超越。遗憾的是，最近三十年的『西学』研究却似乎没有采取『接续』民国传统的方法来做，我们急急乎又引进了许多新理论，诸如控制论、信息论、系统论……还有『老三论』、『新三论』、『后现代』、『后殖民』等等新理论，对『民国西学』弃之如敝屣，避之唯恐不及。

民国时期确实没有突出的翻译人物，我们是指像严复那样的学者，单靠『严译八种』的稿酬就能成为商务印书馆大股东，还受邀请担任多间大学的校长，几份报刊的主笔。但是，像王造时（1903–1971）先生那样在『西学』翻译领域做出重要贡献，然后借此『西学』，主编报刊、杂志，在『反独裁』、『争民主』和『抗战救国』等舆论中取得重大影响的人物也不在少数。王造时的翻译作品有黑格尔的《历史哲学》、摩瓦特的《近代欧洲外交史》、《现代欧洲外交史》、拉铁耐的《美国外交政策史》、拉斯基的《国家的理论与实际》、《民主政治在危机中》。1931年，王先生曾担任光华大学教授，文学院长，政治系主任，后来创办了《主张与批评》（1932）、《自由言论》（1933），组织『中国民权保障同盟』（1932）。他在上海舆论界发表宪政、法治、理性的自由主义；他在大学课堂上讲授的则是英国费边社社会主义、工联主义和公有化理论（见王造时著《荒谬集·我们的根本主张》，1935，上海，自由言论社）。非常可惜的是，王造时先生这样复杂、混合而理想主义的政治学理论和实践，在最近三十年的社会科学、人文学科中并无讨论，原因显然是与大家不读，读不到，没有再版其作品有关。

我们说，『民国西学』本来是一个相当完备的知识体系，在经历了一个巨大的『断裂』之后，学者并没有好好地反省一下，哪些可以继承和发展，哪些应该批判和扬弃。民国时期好多重要的翻译著作，我们都没有再去翻看，认真比较，仔细理解。『改革、开放』以后，又一次『西学东渐』，大家只是急着去寻找更加新颖的『西学』，用新的取代旧的，从尼采、弗洛伊德……到福柯、德里达……就如同东北谚语讽刺的那样：『熊瞎子掰包谷，掰一个丢一个。』中国学者在『西学』武库中寻找更新式的装备，在层出不穷的『西学』面前特别害怕落伍。这种心态里有一个幻觉：更新的理论，意味着更确定的真理，因而也能更有效地在中国使用，或者借用，来解决中国的问题。这种实用主义的『西学观』，其实是一种懒惰、被动和浮躁的短视见解，不能积累起一个稍微深厚一点的现代文化。

讨论二十世纪的『西学』，一般是以五四『新青年』来代表，这其实相当偏颇。胡适、陈独秀等人固然在介绍和推广『西学』，倡导『启蒙』时居功至伟，但是『新文化运动』造成不断求新的风气，也使得这一派的『西学』浅尝辄止，比较肤浅，有些做法甚至不能代表『民国西学』。胡适先生回忆他们举办的《新青年》杂志，有一个宗旨是要『输入学理』，即翻译介绍欧洲的社会科学、人文学科知识；他还大致理了一个系统，说『我们的《新青年》杂志，便曾经发行过一期「易卜生专号」，专门介绍这位挪威大戏剧家易卜生，在这期上我写了首篇专论叫《易卜生主义》。《新青年》也曾出过一期「马克思专号」。另一个《新教育月刊》也曾出过一期「杜威专号」。至于对无政府主义、社会主义、共产主义、日耳曼意识形态、盎格鲁·萨克逊思想体系和法兰西哲学等等的输入，也就习以为常了。』（唐德刚编译：《胡适口述自传》，北京，华文出版社，1992年，第191页）。胡适晚年清理的这个翻译目录，就是那一代青年不断寻找『真理』的轨迹。三四十年间，他们从一般的人性论学说，到无政府主义、社会主义、马克思主义；从不列颠宪政学说，到法兰西暴力革命理论、德意志国家主义思想，再到英格兰自由主义主张，大致就是『输入学理』运动中的全部『西学』。

胡适一语道破地说：『这些新观念、新理论之输入，基本上为的是帮助解决我们今日所面临的实际问题。」胡适并不认为这种『活学活用』、『急用先学』的做法有什么不妥。相反，二十世纪中国知识分子接受『西学』的方法论，大多认为翻译为了『救国』，如同进口最新版本的克虏伯大炮能打胜仗，这就是『天经地义』。今天看来，这其实是一种庸俗意义的『实用主义』，是生吞活剥，不加消化，头痛医头，脚痛医脚的简单思维，或曰：是『夺他人之酒杯，浇自己之块垒』。从我们收集整理『民国西学要籍汉译文献』的情况来看，『民国西学』是一个比北大『启蒙西学』更加完整的知识体系。换句话说，我们认为『五四运动』及其启蒙大众的『西学』并不能够代表二十世纪中国西学翻译运动的全部面貌，在北大的『启蒙西学』之外，还有上海出版界翻译介绍的『民国西学』。或许我们应该把『启蒙西学』纳入『民国西学』体系，『中国的百年翻译运动』才能得到更好的理解。

我们认为：中国二十世纪的西学翻译运动，为汉语世界增加了巨量的知识内容，引进了不同的思维方式，激发了更大的想象空间，这种跨文化交流引起的触动作用才是最为重要的。二十世纪的中国文化变得不古不今，不中不西，并非简单的外来『冲击』所致，而是由形形色色的不同因素综合而成。外来思想中包含的进步观点、立场、方案、主张、主义……具有普世主义的参考价值，但都要在理解、消化、吸收后才能成为汉语语境的一部分，才会有更好的发挥。在这一方面，明末徐光启有一个口号可以参考，那便是『欲求超胜，必须会通；会通之前，必先翻译』。反过来说，『翻译』的目的，是为了中西文化之间的融会贯通，而非搬用；『会通』的目的，不是为了把新旧思想调和成良莠不分，而是一种创新——『超胜』出一种属于全人类的新文明。二十世纪的『民国西学』，是人类新文明的一个环节，值得我们捡起来，重头到底地细细阅读，好好思考。上海社会科学院出版社邀我主编『民国西学要籍汉译文献』，献弁言于此，是为序。

2016年3月20日，于阳光新景寓所

[美] 紐藩（Oscar Newfang）著　李　謩　譯述

勞資協調論

中華民國二十六年二月出版

譯者序

吾國近年企業界關於勞資糾紛之問題，在表面觀之，同盟罷工(Strike)與同盟歇業(Lockout)之事，雖見減少，然實際上勞工之自由怠工與資方之任意閉歇，仍時有所聞，於以知勞資之猶未臻協調也。美國紐藩氏(Oscar Newfang)著勞資協調論一書，詳述勞資糾紛之原因，勞資協調之試驗及勞資協調之具體計劃，頗有獨到之處。雖所舉例，不免側重歐美，然以吾國企業次第推進觀之，則借助他山，翻譯此書以饗國人，或亦不無小補耳。

——譯者識——

原序

除國際戰爭以外，擾亂國家之安寧，未有甚於產業鬥爭者；產業鬥爭，不獨破壞歐洲兩大國家負有責任之政府，轉而樹立狄克推多之寡頭專制(Dictatorship)．推其流毒所至，即其他商業國家各個國民及國民全體之經濟生活，亦莫不同受重大之影響．最近英國同盟能工之風潮，其遺害雖超越尋常；是亦不外表現工業國家勞資雙方繼續其敵對行為之一種結果而已．

本書之趣旨，在窮究此鬥爭之基本原因；幷謀根本解決確定勞資協調方法之問題．惟本書所擬方法，讀者容或以為複雜．須知勞資糾紛，其本身問題，固已甚複雜也．苟不然者，則解決之方法，當早已闡明而運用之矣．

勞資協調論目次

第二編　勞資協調之具體計劃……七三

勞資協調論

第一編　勞資糾紛之原因

第一章　工資制度

·工資與利潤之衝突·

今有一人，供給製造一椅之木材，及他項材料，更有一人，即以其材料而製造之；前者當爲資本家，而後者爲勞工。此兩人所致力於旣成之製造品，一則爲資本，一則爲勞力。今假定材料所值爲二元，而其椅則以五元之代價賣却之。是椅之製造，乃增加三元價值之所由來也。

今以增加之價值，分配於資本及勞力，如分配於資本者多，則勞力所得必寡；反之，如分配於勞力者多，則資本所得必寡，此理甚明。苟材料之價值與椅之賣價不變，勞工與資本家必將發生利益之衝突;卽工資與利潤之衝突.蓋工資增多,利潤必因而減少,而工資減少,則利潤必因而增多故也.

就近世大工業言之,資本家所供給者,不獨爲構成製造品之原料,其他如製造工作所需要之建築物、機械、工具轉運原料入廠及轉運製造品至市場所需要之運輸機關,各項工程進行所需要之管理及監督,推銷製造品所需要之販賣方法及廣告規劃,推而至於購辦原料計算工值信用販賣所需要之會計事務等,亦莫不由資本家所供給.凡此種種,雖令上述製造之例題趨於複雜,又上述種種設備之費用,以之適宜分配於各個製造品單位所需要之生產費計算,雖亦爲一極複雜及困難之問題,就例題所引用之原理,則固未嘗變也.是以製造品所消費之原料與夫間接費用,折舊及營業管理費等之劃歸製造品負擔者,皆得認爲對於該製造品投資之總資本.簡而言之,可名之曰製造品之資本生產費.

勞力之在近世大工業,亦爲一極複雜之要素.蓋製造品之製作,非一人所能辦,必賴數千百人以成之.而此數千百人,又必每人按步就班,在製造品由原料品之狀態進而至製成品之狀態之過程中，僅分任其工作之一小部。不特此也，有爲多量之原料而工作者，有爲少量而工作者，亦有專爲構成製造品單位之單獨原料而工作者。準是以言，苟欲決定各個勞工對於一製造品單位所費勞力之分量，誠爲難事。若更就各個勞工之技能、熟練、敏捷等之程度以爲斷，則尤爲難中之至難。雖然，吾人對於一製造品所費勞力之總分量，仍得認爲一單位。誠如是，則前此引用之例題，猶爲有效也。是故製造品所消耗之資本生產費，加以勞力之總分量，即可得一賣價。由賣價除去資本生產費之盈餘，或爲工資而歸勞工，或爲利潤而歸資本。而工資與利潤之衝突，仍與製造椅子之例同出一轍也。苟資本生產費與賣價不變，如欲增多工資，勢不能不減少利潤。反之，如欲增多利潤，勢不能不減少工資。此種勞資利益之衝突，殆爲今日產業界盛行工資制度所發生產業鬥爭之重大原因也。

·工資取決於經濟勢力而非取決於經濟公平之原則·

就製造椅子之例言之，資本家與勞工之間，當有盈餘三元之分配。然處於今日工資制度之下，勞資雙方所得之多寡，完全取決於勞資相互間經濟之勢力。苟勞工迫於饑寒，或被多數勞工所包圍與之競爭製造椅子之職業，則資本家將利用勞工經濟之弱點，而給予三元之小部份；勞工處此困境，惟有忍氣吞聲接受其小部份耳。反之，苟有製造椅子技能之勞工祇有一人，或有多數資本家競相雇用此勞工，則彼將處於經濟上較優之地位，而得要求三元之大部份；資本家如無勞工之努力，則椅子不能製造，椅子不能製造，則利益毫無所獲，在此情形之下，資本家必覺悟其經濟勢力之薄弱，亦惟有表同意於勞工而予以盈餘之大部份而已。是以分配三元之標準，乃根據於勞資經濟勢力之抗衡。

在近世大產業界，此種勢力之抗衡，愈形複雜。蓋就資本方面言之，代表者非單獨一人之雇主，乃數千百投資者聯合組織爲一大公司，故其資本雄厚，有極偉大之經濟勢力。而就勞工方面言之，因在一無組織情形之下，深知不能與有大組織之資本家爲勢力之抗衡，遂亦相率而組織爲勞工同盟，藉以獲得同等之經濟勢力，俾得與有組織之資本家相角逐。勞工且不以此自滿，此資本家更進一步，乃集合全產業界各個單獨組織之勞工，完全加入爲包括全產業界之勞工總同盟。於是經濟勢力之均衡，遂一轉而爲有利於勞工；資本至是，因欲達其恢復同等經濟勢力之目的藉與勞工抗衡，遂亦聯合全產業界之資本而組織為雇主聯合會。

在列國之中，尤其是在意、英、法、德、比諸邦，其資本與勞工兩對壘之組織，幾進至一方聯合全國資本為一組織，而他方聯合全國勞工為一組織。然究其互相衝突之根本原因，則固與單獨一資本家雇傭一勞工製造一椅子之例無或異也。是故生產之分配，仍以勢力之優劣為轉移；即取決於經濟勢力，而非取決於公平之原則。由是觀之，現代工資制度之組織，不外擴大勞資衝突之範圍而已。

在今日工資制度之下，吾人尚未有講求若何方法，以資認識勞工之勞力在社會上充分之價值。亦未有發見若何方式，藉以公平分配生產之利益於勞力與資本，俾雙方於合作產生價值之後，得以消弭雙方繼續鬥爭於分配是項價值之必要、雖然，對於某項製造品所生之利益，除原料價值之外，如欲斷定數千百勞工各個所加工之正確價值，誠為難事。然欲發見一方式，俾加工所生之價值，得以公平分配於資本之全體與勞力之全體，則猶屬易事也。苟能發見一適宜之方式，而勞資雙方亦均認爲公平，則此項方式，當能消滅近世勞資雙方專以經濟勢力爲分配標準所發生之衝突原因也。

・雇主之無責任・

近世產業界雇傭勞工，概以每週計算，間亦有以每日或以每時計算者。故在一週一日或一時工作之後，雇主得任意解除工約，對於解約勞工之前途如何，不負法律上任何責任。不寧唯是，大抵勞工之工作，概限於工程瑣碎之一小部或機械之一種，平日訓練既狹，一旦失業，則不適於他用；復次，則雇主每於人口集中卽常有他項工作之地點，遷移勞工至一絕無他項工作地點之工廠；而此雇主在法律上，仍得於一週一日或一時終了之後，任意辭退勞工，對於退職勞工之命運如何，可不過問也。又或雇主當需要最殷之時，將充分之勞工運至遠隔地方以應其需要，而此項充分之勞工，在他時期，對於雇主之經營事業，必爲過量之供給；雇主雖明知此種舉動足以引起日後大多數之失業者與半工作者，然彼輩固不負任何責任也。上述種種，絕非假定之問題，卽以今日北美合衆國全體煤礦事業而論，依專門技師之統計，勞工之供給，實超過需要三分之一．又以礦區多屬離產業中心較遠之地，不易尋覓他項工作，故此種礦夫之過剩，卽所以引起一般勞工在一年之中有四閱月之失業也．

．勞工生活之不安定．

勞工之工作期限不穩固既如是，今捨經濟術語而易以人類福利之術語言之，則勞工之生活，殆直可謂為不安定．蓋勞工工資，卽在有穩固工作之時，其究能超過勞工及其家屬必要之生活費與否，已屬疑問．苟一旦失業，其不淪於困苦顛連與負債累累者幾希矣．然在今日勞工工資制度之下，雇主因欲保存營業興旺時期所獲之利益，或祇欲輕減其損失之故，得於營業淸淡時期，任意縮小勞工範圍，或完全關閉工廠．此種縮小勞工範圍與關閉工廠之舉動，對於勞工不特為削減其微末之所得，乃直為完全消滅其生活．

在勞工過剩之產業界，常有大批失業工人與饑寒奮鬥，希望市面日趨改善．然雇主深知如市面無特別優異之進境，則彼雖定難容納多數被犧牲而半淪為餓殍之失業工人．故在市況蕭條之時，資本家不過感覺利益之退縮，而在勞工方面，不特感覺收入之減少，乃直感覺其生活之完全歸於消滅耳。

準是以言，則首先感覺市面之不景氣與最後復活者，實爲勞工；對於此種情狀，有組織之勞工，仍未能確立一定方針以資補救。故一般勞工，常感受失業之痛苦，此亦爲勞資衝突之一大根本原因也。

·調節工資之困難·

在產業界，工資之變動，其原因雖有種種。然就吾人目前之觀察，可包括之爲兩類：第一，則原因於特種商品賣價之變動者，如商品需要與供給之增加或減少，新商品之代替舊商品，或舊商品爲新製法或新花樣之商品所排斥之類是也；第二，則原因於一般商品賣價之變動者，如貨幣購買力之變動，卽流通貨幣之膨脹或收縮，貴金屬供給之增加或減少，又或信用之擴張或緊縮之類是也。

是故就勞工方面言之，設彼輩所製造之特種商品較之昔日獲取更高之賣價，苟製造品之資本生產費一仍其舊，彼輩當然以爲賣價增加之部份卽利益增加之部份，應視爲勞銀之增加而歸勞工。反之，就資本家方面言之，設商品之價格下落而形成利益之減少，彼輩又當然以謂應削減工資，俾勞工負擔一部之責任。

復次，如勞工所受工資祇能購買昔日生活所需分量之半或僅得其三分之一，則彼輩當然以謂工資應增加二倍乃至三倍，俾生活上不致感受直接困難。反之，如資本家目睹市面物價非常暴落，致其利益大受虧損或其營業反而至於損失，同時工資之購買力，逕因之而增加至二倍乃至三倍，則彼輩又當然以爲對於工資，在不超過其購買力因物價暴落而增加之範圍以內，應削減之以維資本。

然在今日工資制度之下，此種工資必要之調節，乃於同盟罷工或同盟歇業之經濟鬥爭之後，純以獨裁之最後手段取決，或於勞資之任何方面在一淒慘屈辱情勢之下而取決之。此種取決之方法，適足以助長勞資遺傳的衝突。苟工資之調節祇能於長期苦鬥之後，在勞資任何方面慘敗之下始得完成。然則鬥爭期間所發生一方面之淒慘屈辱與他方面之莫大損失，是卽勞資互相讎視之所以日趨於根深蒂固也。

因現時工資之調節，乃取決於有組織之經濟鬥爭，故勞工確信勞資雙方之利益乃至不相容，其結果乃爲勞工間所抱「階級覺悟」與「階級戰爭」之觀念。

吾人苟計及勞資兩方因經濟鬥爭所受之經濟損害，卽以知今日調節工資方法之爲產業鬥爭一大直接損失。茲引一例爲證，卽美洲一千九百二十五年之煤礦罷工，對於十五萬八千名礦夫一百六十五日所損失之工資，實超過一萬萬金元以上，而礦業家所蒙之營業損失殆亦如其數。

對於調節工資，旣未能努力發見一合理之方法，俾勞資均蒙生產之利，而所持以爲分配之標準者，不外勢力之抗衡，卽出於一戰而已。卽間或雙方於戰疲之餘相持不決，繼而訴諸仲裁，藉以解圍者，而爲之仲裁者，亦如國際戰爭後之講和談判員，其所引以爲公斷之準繩，固仍不在或種公平之原則，而在已定之局面與夫交戰者戰鬥力之如何耳。

是故吾人苟不能發見一合理方法以爲分配生產利益之標準，俾勞資雙方均得其平，而此種方法，又復富有彈力性，於必要時得任意引爲調節勞工賃銀之手段，則勞資永久之調和仍不可期。在近世嚴酷的工資制度之下，如欲調節工資，祇可出於產業鬥爭及粗陋的總括分配法之一途；是乃大有害於社會全體之經濟組織，此亦為產業鬥爭之一重大原因也。

・勞働時間之衝突・

設有雇主，對於勞工一日之工作而給予一定之工資，雇主當然對於所費一日之工資，而努力取得最多之工作時間。然在他方面言之，勞工亦當然設法以最少之工作時間而取得一日之工資。蓋雇主之計算，苟首次之六個工作時間，可產生充分之販賣價值以償一日之工資；是則每日八工作時間比之每日七工作時間當獲二倍之利，如每日九工作時間則其利當為三倍。故工資以日計算者，雇主當然希望長日之工作。反之，就勞工立論，長日工作與短日工作，至日終時所得之工資既曾無少異，則為自身計，無寧要求最短之工作時間之為愈也。此種勞働時間之衝突，是勞資衝突之又一重要原因也。

雖然，此種衝突之原因，苟工資以件工為標準者，當可減少至若干程度；件工制度視為增進產業界調和之一方法，當於後章述之。然又有以每時工作定爲給付工資之標準，藉以免除勞資衝突之說。關於以一小時爲標準之問題，吾人可得研究者，卽對於評定每一工作時間所得之價值時，勞資雙方均預測以每一小時爲標準所得一日之價值；至此，則勞資雙方之爭點，在於勞工應工作若干次之每一小時標準，乃能取得其一日之滿足工資，或在於勞工以爲適當之一日工作時間內，每一小時標準，應取得若干價值乃能發生一日之滿足工資。由是觀之，以每一小時工作爲工資標準，其勞資利益之衝突，仍與以一日爲標準者無以異也。

·關於勞働條件之衝突·

在工資制度之下，對於改善工作環境所需用度，如改良光線通風衛生設備避險機關勞工醫院之屬，概歸資本家所負擔，故彼輩當然對於此項支出主節約主義，而就勞工言之，則當然對於彼輩工作環境要求最大之改善。是以勞働條件，亦勞働糾紛之一主因也。有遠大眼光之雇主，深知對於工場工作環境，苟能維持一相當之標準，則所消費於改善工作環境之支出，必能於製品之增加品質之改良及勞工忠誠服務心之進步等而償却之。然一般庸碌之雇主，仍不願對於生產費之外有所消費，以致對於其他雇主有所競爭，常立於不利之地位。

上述衝突之原因，因於全體雇主適用一般工場法規，已漸次減少至若干程度，故在工作環境一事而言，各雇主得立於同等之競爭地位；然工場法規，隨市隨省或隨國而異，勞資雙方對於此項問題，尙不免有多少衝突。近時開明國家，對於勞工待遇之標準，已由政府妥爲釐訂，然在退化之國家或在工業幼稚之國家如中國者，則勞工所處之地位仍屬可憫也

第二章　私有財產制度

·私有財產權之優越·

凡經營一事業之資本家，必其自身爲一相當富有之人，苟不然者，決其必不能爲事業之所有人。既爲事業之所有人，因其享有資財，遂得超越於卽時生活之需要，或逕超越於實際生活需要之外。擁有資財者，其投身於實業界經營事業之目的，與其謂藉此取得生活上之需要，無寧謂藉此增加其已得之富有，或增加其已能應付生活需要之收入。至若執近世大實業界牛耳之資本家，則尤其然也。

是故與勞工談判，資本可以持久，至於勞工，平素旣毫無積蓄以應付不時之需要，一旦有事，實不足以言爭議。在今日以兩方經濟勢力之雄長爲談判之基礎，勞工對於工資之解決，惟有俯首接受資本之專斷。資本利用勞工生活缺乏之弱點，遂得貫澈工資爭議之主張，坐收大利。實則談判條件，一任所欲爲耳。

現代從事大事業，概集資爲大公司之經營，其資本之優越權，較之前時益形偉大。蓋大公司所有數千百之投資者，藉選任之管理機關，在法律上混合爲一體，行動爲一致，然被其所雇傭之數千百勞工，向此集中經濟勢力前進，以謀解決工資問題者，不過爲各個不相連屬之分子。設有一勞工，在饑寒交迫之秋，挺而與美國鋼鐵公司鬥，其結果爲何如者。彼當然卽時覺悟對於公司所提出之條件，如不能接受，則祇有趨避。故公司方面，得泰然獨斷決定工資，而勞工因受生活之壓迫，惟有俯首屈就而已。

勞工組織，雖勉能釋放屈辱於資本家專制勢力之下之勞工，俾得稍獲自由，然一遇資本組織進至與勞工組織有同等勢力時，則資本優越之根本理由復行發現。蓋有組織之資本比之有組織之勞工，恆足以持久。勞工深感在現代私有財產權集中於大企業公司組織之下，與資本爭議，其勢力萬難追及，此亦產業鬥爭之一主因也。

·財富之集中·

在近世工資制度之下，資本之優越權，常超出於勞工，實使舉國財富集中於比較少數之手，而多數之羣衆，則生生世世望息於困苦生活。根據私有財產制度，對於事業所投之資本，一旦獲得相當或逕獲得充分股息之後，所溢利益槪撥歸盈餘積項計算，而此項計算，祇屬於資本家。故盈餘積項，往往以紅利之形式，專為分配於資本家之用；至於勞工，則惟有接受工資為已足。是以幹練之管理與效能之勞工所造成之溢利，不過形成資本家莫大之收入，換言之，卽腦力與膂力之忠誠及有效工作所構成之充分利益，一舉而盡歸諸投資者；然若輩投資者，對於事業，固未嘗有一時之用心或一分之力量也。資本卽根據此種形式，繼長增高，乃至二倍三倍或甚而至於十倍百倍，換言之，卽資本藉大多數之腦力家與膂力家奮鬥於少數富有資財不勞而獲之人之手而日以集中。然勞力之羣衆，消磨其一生光陰於一事業，無論其事業成功至若何程度，而彼輩所獲者，亦不過同此工資，勉強量入為出，聊以支持生計而已。

在現代私有財產制度之下，資本之所為，殆有甚於此者，雖法亦所不禁。譬有某事業，對於所投資本，除獲相當利潤外，尚餘充實之盈餘，經營者不惟不顧以之分配於造成此盈餘之腦力家與脅力家，且於此盈餘猶未實現之前，早已運用其所謂「精明理財法」爲再度之投資，換言之，卽設有一大公司，對於所投資本年獲純益爲百分之五十，苟公司逕行宣佈分派股息百分之五十者，則輿論必將大起攻擊，如不謂該公司對於所售商品索價太昂，必卽謂該公司對於勞工給資過薄；董事輩深明此理，在此情形之下，必將於其資產賬內，註入所謂「商譽」之一項，進而爲發行紅股之舉，此種紅股，其數或將十倍於前此所發行之正式股份，公司對於紅股，不過分派五釐之股息；社會與勞工，因見此五釐股息之微薄，遂不覺受公司之欺瞞。

不寧唯是，更有嶄新而爲資本家所最樂於運用之「理財手腕」，卽發行一種股份而不規定其標準價值，於必要時得任意抬高之，使股息之率下落，藉以逃避社會之注目是也。凡此種種方法，皆足以致一國之財富集中，而不能廣汎分配於全國民衆。

社會上固不乏經濟學者，尤其是受寵於富人之經濟學者，彼輩於一方面雖承認上述種種現狀，然於他方面，則極力爲財富集中之辯護，以謂財富集中，其結果必能致國家於富裕之域。彼輩主張，以謂苟以產業之盈餘為增加工資之方式，分配於勞工，姑勿論其所增加者甚微，必全為勞工所浪費。反之，苟盈餘集中於富人之手，其結果必為再度投資，故能增加國家永久致富之力。至於富人，對於此項大量增加之股息，實無所裨益，蓋彼輩自身，既有莫大之收入，足以滿足其一切奢望，則彼輩再度投資之所為，無寧謂為社會之一種財產管理人，藉謀全國福利而已。依此說法，則再度投資之利益，將更由此自行推舉國家財產之管理人以之輾轉投資，為國服務，以至於無窮矣。

是則國家之財富，由此而日益昌大，而舉國民衆之幸福，亦由此不堪問矣。自名為國家財產之管理人，對於一生之需要慾望奢華逸樂，均能得有充分之供給，故所有收入，不邊消費，惟有出於再度投資之一途，是眞可謂妙論也。

然而此種妙論，殊不足以服勞工。其尤為誹謗勞工者，卽謂無論勞工所得多寡，苟有超過其生活之需要，必為其所浪費無餘。其實則彼輩苟所獲有過於其實際之需要者，其重視所獲，必有甚於富人，其願以積蓄而投資於有利事業之心，亦殊不減於富人。卽以年來美國小資本投資者之增加，實足以證明。苟吾人予勞工以一半機會，彼輩必能運用其盈餘之資本，投資於實業，一如終日無所事事之富人。實際言之，一充滿小資本投資者之國家，比之國家之富有握於少數人之手，而其他大多數之民衆，則窒息於困苦顚連之生活之國家，尤爲幸事也。是故爭點，在富國與福國之間而已。

在私有財產制度之下，勞工深感資本家每每對於事業，未嘗用其絲毫光陰或少許氣力，而管理者與勞工，則消磨一生歲月致事業於成功；然而事業成功後所獲之盈餘，則概歸資本，實爲產業界對於勞工爲一有遺傳性的不公平之事件。惟至今日，勞工領袖，對於此種不公平之事，尙未能發見若何適宜方法以資補救，唯有痛心疾首徒呼奈何耳，此亦勞資衝突之又一主因也。

·資本過度之損失·

然於此問題有他方面之觀察焉。根據現代私有財產制度，不獨生產之過度利益完全集中於比較少數之手，卽遇市況不佳之過度損失，亦概歸事業所有人之負擔。勞工在營業異常發達之時，既不獲工資之增加，故彼輩對於營業退縮之時，當然亦不願接受減資爲負擔一部之損失。是以在營業不振時期，近世大工業毫無伸縮力之大宗工資賬項，在一般市況猶未恢復或在特種工業之景況猶未恢復之時，早已將資本蝕盡致事業於破產而後已。

職是之故，資本家主張豐年所獲之溢利，必須留歸資本家爲盈餘積項，以備凶年之損失；又以勞工在產業衰落之時，既不願復不能負擔若何損失，故對於產業之利益，當然亦無權接受；且勞工之目的，在「以公平之勞務而取得公平之工錢」，初於事業之損益盈虧，固未嘗樂於負擔若何責任也。此種言論，在今日嚴酷的工資制度及私有財產制度之下，固爲不易之論理，然而其結果即成爲勞資衝突之二重原因。換言之，即在營業發達利益深厚之時，勞工感覺其所得爲不公平，而在營業不振利益轉爲損失之時，資本因勞工不允輕減工資負擔一部之損失，俾營業得繼續奮鬥以冀復活，故亦感覺勞工之行爲爲不公平是也。

·遺產制度·

在近世產業國家，最足以引起「階級覺悟」與「階級戰爭」之觀念者，莫過於遺產制度，其間最不良之特點，如長子續嗣權者，雖因平民主義之勃興而日漸衰落，然創業者仍以莫大財產遺之於不勞而獲之子孫，俾此輩寄生社會之贅疣，得安然享受勞工血汗所購之幸福，實爲私有財產制度中最令勞工深抱不平之事實也。勞工深知此輩游手好閑之富人所日以誇耀於社會之窮奢極侈，不外爲勞工辛勤之所獲，故視此輩專藉遺產致富之徒，對於社會毫無貢獻徒享尊榮者，直不啻社會之蟊賊耳。

勞工深感以百萬元創業之人與白手興家之人較，其經濟機會當然不能均等。彼輩以爲苟一方非過於優享特別權利，即他方過於重受壓迫，或二者兼而有之。是以近時開明國家，在一般國民間，因欲輕減此種經濟機會不等之故，對於遺產，視遺產增多之度，重課以累進之遺產稅，是即社會對於私有財產制度經濟之不公平，換言之，即對於一部人士安然享受他部人士努力所獲之效果，而本身對於社會則毫無所貢獻之不平事，予以若干之認識是也。

·財富對於政治之潛勢力·

於此更有一問題焉，確信之當否，姑不具論，然勞工間大抵確信政府機關，概爲富人所支配。故勞工如欲運用選舉權以求直，是直爲不可得之數，計惟有運用勞工組織，藉同盟罷工之本身經濟勢力以謀解決。此種確信，不獨爲勞資糾紛之原因，且進而爲勞工與當局衝突之原因也。

勞工之抱此觀念，亦非完全無因。蓋現代選舉制度，挾政黨以俱來，所有政黨事務選舉運動，動輒需要大宗款項，爲政黨領袖者，對於出資之人，當然表示特別之優遇，苟選舉而幸獲成功，則領袖人物對於下級之任命，亦當然向出資最力之人徵求同意。故在此情形之下，富人對於上級官吏之推薦與夫下級官吏之任命，遂自有其一種支配力。而同時受命之人，於不知不覺之中，亦當然對於授命之恩人，自有其特別之好感。推其究竟，即至於立法，亦將傾向於資本之利益而忽略於勞工之利益。此種言論，雖或不免於過當，然勞工之抱此觀念者，則實大有其人，是亦勞資衝突之又一重大原因也。

第三章　產業管理制度

・資本與管理之分離・

世界工業之進化，曾經過三種顯著之時期。當其始也，工業簡陋，爲工者，供給勞力技能與工具原料而製成物品，曾不假手於他人。及其繼也，有一羣衆供給勞力，更有一羣衆供給工具原料指導工作進行，而製成物品以求售，並隨時按工作之需要而繼續補充工具與原料。然至今日，工業已進展至一時期或已發軔進展至一時期，即在此第三時期，有一羣衆供給勞工，第二羣衆供給資本，更有第三羣衆，則供給產業管理之技能是也。

此第三時期，猶未完全達到。現在多數產業社會資本與產業之管理，仍歸於同一人或同一羣衆之手。然實業愈發達，則資本與產業管理分離之傾向益形顯著。近時經營偉大事業如鐵路銀行，或大工業者，對於選任執行人物，大抵傾向於根據辦事員之材幹爲必要，至於彼輩在事業上所處財政之地位，則不遑過問也。

凡創辦大事業之人，雖其自身為腦力家足以應付一切，然其子孫往往無辦事之才能，或不願負經營事業之重荷．故事業之所有人，每以執行業務之權，委諸鐵路專家銀行實踐家或工業經營家之手，至於彼輩在公司所佔股份之多寡，則非所計也．

近時投資於實業而本身並不直接經營者，不特已成為一般之習尚，吾人須知現代產業界，更有以發行公司債之形式揭借資金而經營實業者．換言之，卽經營事業之輩，運用他人資本藉以發展業務，一如雇用勞工藉以助長工作，無以異也．

卽以公司之股份而論，其直接執行公司業務者，每視之如借用之資本，對於業務之方針，無權過問．又或如發行一種有一定股息之優先股，苟非因於一定期間不能履行分派股息，則股東對於公司，亦無發言權．此種股份，不啻為一種借用之資本，其地位與發行債券所募集之資金，毫無差異，所不同者，則以優先股份為一種固定之投資，故其利率較高於債息，且公司每於約款規定，於不能履行分派股息時，予以發言之權限耳．然股息如能依期分派，則優先股份之所有權，實與執行業務之權限，完全截為兩事也．

不特此也，近日更有倡議以公司大多數普通股之投資，完全歸納於借用資本之一途，對於事業之進行，不賦予以何等投票權者。此種倡議，不免受社會多少之抨擊。究其實現之方法，則爲發行一種大批無投票權之普通股，其餘少數名管理股者，獨賦予以投票權，則歸執行業務人員所佔有。此種辦法，不外將資本與管理爲更進一步之分離而已。然實際言之，苟此種辦法見諸實行，亦無大可抨擊之理由。蓋普通股無投票權，亦一如優先股與債券之無投票權耳。無投票權之普通股，能以引起投資家之注意者，大概在股息之優厚，亦猶之優先股獲利比較優厚於債券，亦爲投資家注意於優先股之誘因也。

上述近日對於產業界投資方法種種之新傾向，不外引起讀者注意於資本與產業管理之日趨於完全分離之現象而已。現代產業界之三要素，爲勞力、管理及資本。換言之，即體力、腦力及儲蓄力是也。就各大工業之進展路徑觀之，此三要素，必將各個分離，完全落於特殊之羣衆之手而後已。

·管理機關爲資本之從屬·

資本與管理之分離，其結果成爲勞資糾紛之各種根本原因。其第一件，即管理機關既雇傭於資本，仰給於資本，其任免權又常操於資本，則彼輩對於勞資之調停，當然爲資本之從屬，而偏袒資本。此種偏袒之態度，即爲產業界執行領袖人員與勞工間互相懷疑之重要原因。蓋勞工深信管理機關對於勞工合理之要求與資本合理之要求，必不能主持大公。每遇爭議，彼輩必左袒資本，猶之出庭之律師，雖明知直在對方，亦必左袒其授任之當事人也。

管理機關之偏袒於資本，即在多數資金爲發行債券募集外資所投資之事業，或多數股份爲無投票權之優先股或普通股所構成之事業，而實際有投票權之股份，非操於事業之執行人員，概屬於董事會或有利害關係之銀行團所有，對於公司之業務不過爲極間接之活動時，其態度仍不少變也。

是以勞工每向管理機關交涉，彼輩常覺與之交涉者，非勞資間之公正評判員，實爲資本之辯護人，故遇事動輒徇私於資本也。

·資本家與勞工間無社交的情感·

管理機關，在一方面，既與資本分離，而在他一方面，又與勞工羣衆相隔，故介於勞資生活之間，井然劃爲一大鴻溝。吾人試一思及現代大公司之數千百股東，在一方面，則散在於全國，而同時被雇之數千百勞工，在他一方面，則操作於此大公司之工廠，自當明了此中狀況也。人有恆言，世界人類之半數，不知其他半數之生活。吾人於此可加一句曰，此一半數實不關心於他一半數之生活。又有恆言，富者不知貧者之生活，吾人又可加一句曰，富者實不欲知貧者之生活。

大產業界所雇傭之勞工，對於其產業界有關係之資本家，完全爲不相認識之人羣。即對於其直接管理之機關，此大多數之勞工爲所認識者，亦不過爲工廠某部人員，或薪工表內某號工人而已。百年前之組織，與現代之情形，迥不相同。昔日之社會，雇主與傭工並肩操作於一隅，彼此相見，如人之與人，友之與友，喜樂與俱，患難與共，固一極平民化社交化之平等社會也。在吾人今日之大產業界，欲再獲此種密切之交誼，則誠爲難事，然因缺乏社交情感之故，勞資之不相容與彼此之誤會，遂油然而生矣。其尤不幸者，則勞資雙方更有一顯著管理機關介在其間，勞工如欲與資本接近，必須經管理機關之媒介，資本如欲與勞工接近，亦必須經管理機關之媒介，勞資之相去，蓋日益遠矣。

·管理機關有壓迫勞工之傾向·

管理機關對於資本爲當然的從屬，上節已略言之。因此之故，管理機關之對於勞工，其結果必至出於無血性的純經濟的及無人道的壓迫之態度。當大企業界執行業務之領袖提出營業報告於散在各地之投資者或董事會，此輩闊人，大都爲理財家棲息於各大城市，爲營業報告之領袖人員者，必曉然於勞工之生產費，必與其他構成製造品各部之生產費視同一律。彼輩更曉然於獲得必要之勞工，其條件亦必與獲得各項原料之條件視同一律，卽須以最低限度之價格購買勞工與原料，並須適應生產製造品所需要而購買最小限度之勞工與原料是也。由是管理機關，遂不獲已而認勞工爲貿易上之一種商品，一如木材或鋼鐵。故購買勞工，亦以最低之市價，並以最有利於資本家之條件爲依歸。遇可減省工作之時，隨時辭退勞工，猶之停止購買原料，良心上無絲毫之疚責。或遇營業旺盛或勞工缺乏之時，令勞工爲過度之操作，苟其過度之勞動非浪費工資者，亦無懊悔之心，又或令勞工爲長夜之操作，一似機械爲長夜之運轉也者，對於勞工之健康及福利，亦曾不加以返顧。

在近世管理制度之下，執行機關之根本政策，在以商品賣價之最大部份，歸納於資本之利潤，而留其最小部份，撥充勞工之工資。在現代私有財產制度及管理制度之下，苟執行機關採用一種根本政策，在以最大之酬勞給予勞工，而以公平之利潤還諸資本者，行見其不久當落選而去職耳。

復次，苟執行機關採用一種政策，寧願犧牲開除大批勞工所獲之大利，而予勞工以永續之工作，則彼輩將爲董事會所不容。苟其持續勞工之工作非爲救濟勞工缺乏之行爲者，亦行見其機關之必歸於改組耳。

是以在大產業界，勞工與管理機關交涉，深感執行人員之偏袒於資本。然而彼輩欲向資本有所交涉，又不能不經由管理機關之傳遞。故此種情形，亦爲勞資糾紛之一重要原因也。

第二編　勞資協調之試驗

第四章　僱主之方法

產業鬥爭之種種根本原因，已於上編概略言之。茲本編所欲研究者，即試驗如何排除此種原因之主要方法是也。是項方法，得分爲僱主之方法與勞工之方法二者言之。僱主方面講求產業協調之方法，又可細分爲下列三種：甲工資制度之改善，乙私有財產制度之改善，丙產業管理制度之改善。

甲種之主要方法，爲件工制度、市價標準制度、分紅制度及利益均沾制度，乙種之主要方法，概括爲股份佔有制度，丙種之主要方法，爲工團代表制度及優待勞工計劃。

·件工制度·

在近世大產業界，所有勞工之工作，大抵局限於製造或種製成品一小部份之工程。因僱主深信以爲苟勞工依此辦法分工進行，則每一勞工對於其分內之特別任務，必能如其他勞工對於彼輩分內之特別任務一樣熟練，由是每一勞工，比較各個勞工就或種製造品由原料以至成爲製成品之工作過程均一一躬自爲之者，必能產生更大量之製成品。僱主既本此主張，精密細分製造各部之工程，俾各個勞工之工作歸於簡便。其次步之進行，卽在一日工作時間之中，令各個勞工，重複其分內之工作次數，愈多愈妙，俾因全體之重複工作而達到獲得最大量生產之效果，成就此種工作，其給予工資之法，乃不以日計算而以工作件數之多寡計算。勞工既以成就件數之多寡給值，故此種制度，名之曰件工制度。

僱主採用此種支付工資之方法，因彼於勞工生產費支出額之一定限度內，得確切明瞭製成品之一定生產量；由是對於製成品之總生產費，有精確之計算。不寧唯是，僱主以爲對於勞工之工作，苟其生產愈大者，則所得工資愈多，比較工資不問工作之多寡一以時間爲根據者，必能成爲一種誘導力，鼓勵勞工於每日工作時間內，各盡所能，產生更大量之製成品也。

不特此也，僱主深信件工制度，不獨有利於自身而亦有利於勞工。因勞工所獲之酬勞，與勞工之工作技巧及經驗所賦予之熟練，適成爲正比例。各個勞工之工資，既按其技巧之優劣熟練之深淺爲準則，故視此種支付工資之方法爲公平之方法。簡而言之，卽僱主以爲根據件工制度，勞工之所獲，卽其當然應得之酬勞也。

雖然，勞工對於件工制度，其觀念乃大有不然者，其尤爲所指摘者，則彼輩以爲件工工資之標準，槪爲僱主所自定，縱或一勞工其工作敏捷於其他一勞工，而產生二倍之製品，故彼應獲二倍之工資。然不能因此卽謂敏捷者之與遲鈍者對於其工作，均獲得公平之工資也。工資苟爲僱主所自定，則件工制度所能保證公平者，祇在勞工間所獲工資多寡之比較耳。譬如對於遲鈍者，一日給予工資四元爲適當，則敏捷倍蓰者，其應得當爲八元是也。然件工制度，絕不能保證遲鈍者所獲四元，卽爲其公平之工資也。

僱主通常實施件工之方法，大概根據最敏捷之勞工，每日對於每種工程所得重複工作之次數，以爲編訂件工工資之標準，再以所得次數分一日之適當工資，卽可得每次卽每件所應得工資之標準。依此實施方法之結果，其最敏捷之勞工，雖或可獲一日之適當工資，然其他勞工，如非過度勞瘁從事工作，則所獲當遠不及一日之適當工資矣。

所不幸者，勞工之生活費，乃以每日計算，而非以每件計算。苟勞工獲悉彼須於二日間始能生產與最敏捷者一日所生產同樣之件數，然後乃可獲得充分之工資以爲維持一日之生活費，則此種情形，殊不足以安慰之。故遲鈍之勞工，苟欲獲得充分之工資以維持一日之生活者，如非過度勞瘁以至於一蹶不振，即須減低其生活程度以至斷送健康流爲餓殍。是以勞工確信件工制度實迫勞工出於過度工作，或如勞工界所謂「絞榨勞工之血汗」而已。

按勞工成就工作之結果而給予工資，實徒有公平之虛名。蓋根據勞工之意見，件工制度，不外爲對於尋求生活工資之勞工，極端提高其生產之標準。苟於實施之後，發見某項件工工資率可使勞工獲得意外之高值者，則僱主必實行削減此項件工工資率。故無論勞工如何勤勞，其所獲者，亦不過極平常之工資耳。

此外勞工又以爲件工制度與製成品之賣價卽製成品之利益，無何等直接或恆久之關係。準是以言，則件工制度，更不得謂爲有誠意給予勞工以生產所得公平之利益。然在近世大工業界，或種製成品猶未出廠之前，如欲確悉該製成品所需要數百次之工作所消費之各項件工工資與該數百次工作相互之價值，是直爲不可能之事也。

簡而言之，僱主實際之行爲，乃尋求每種工作勞工所得最低之每日工值；而以上述件工制度之方法，俾此項競爭的工值更形低落。是以勞工對於件工制度之意見，不能視之爲改善勞工工資制度藉以公平待遇一般勞工。其實則不過更改工資制度，俾僱主計算生產費益爲精確，因之爲所雇傭之勞工，益不堪問矣。

·市價標準制度·

第二種改善工資制度，僱主欲藉以調和工潮之方法者，爲市價標準制度。所謂市價標準制度者，卽勞工賃銀，根據生產品賣價之起跌而自動升降是也。此種制度，爲社會所反對之主要理由，則以其適用範圍，祇局限於少數之重要商品；尤其是礦產品，如銅鉛或煤之類。

此項特種產業，其生產品比較大部份之生產費，實爲鑛工之工資；其餘小部份歸資本生產費所負擔，如鑛井及採礦機之折舊採掘權報酬費煉鑛費等，與其他製造業之原料比較市價恆少變動。卽就生產品而言，亦爲一單獨之商品，爲全市場普及所需要，且爲不易腐壞及不爲時代流行所影響之物件。觀於構成此項生產品費用之其他分子，旣近於固定。吾人可說生產品賣價之變動，適足以測定超過資本生產費以上收入之增減。僱主設立以市價爲標準之工資制度，其觀念卽以超過於資本生產費之剩餘，而以一種確定方法，分配於資本利潤與勞工工資之間，藉以建立勞資永久之調和是也。

然而勞工對於市價標準制度，（在適用此種制度之產業界），亦與反對件工制度持同樣之反對理由。蓋彼輩以爲工資根本之標準，爲僱主獨斷所自定，實不能保證其爲根據公平之基礎。且根據賣價之起跌而變動之工資率，亦爲僱主所定。故此項變動之工資率，亦當然不能保證其主持公平。

雖然，市價標準制度唯一之難關，卽如上面所述是在不能適用於一般之產業界。蓋在一般之產業界，原料之生產費，實爲構成製成品價值之大部份，製成品賣價之增加或減少，或竟完全原因於原料價格之增加或減少。故製成品賣價之高低，對於超過資本生產費以外之收入，實無多大之關係。在此種情形之下，如根據賣價而變動工資，實無充分之理由，苟毅然行之，終見營業之歸於失敗耳。

復次，在大多數產業界，其生產品不能如銅或鉛爲單獨或同類之商品所構成。蓋其供給於市場者，殆爲複雜之商品，且市場對於各項商品之需要，每每爲地方情形或季節關係所限制，或爲時代流行所變遷，亦不能普及與劃一。更有生產品極易腐壞者，必須從速出售，故賣價之起跌亦速而且大。因有此種種關係，益令問題趨於複雜。故欲以市價標準制度適用於大多數之產業界，實爲不可能之事也。

·分紅制度·

有觀察比較明瞭之僱主，以爲對於勞工之報酬，應與彼輩服務事業之成功，有連帶之關係。是以每屆營業之後，苟該年度之利益足以保證盈餘者，則於年終時，除規定之工資外，給予勞工以若干分紅，藉此以謀勞資之好感．此種辦法，對於調和產業之鬥爭，實有偉大之效果．誠可謂解決勞資合作問題之實際階梯也．

分紅制度所根據之原理，雖屬正確，然對於實際適用此制度之方法，在勞工方面，仍不免有種種反對之意見，其第一件，即僱主以之爲分配於勞工之分紅總金額，實爲僱主個人獨斷所核定，對於當年度營業利益之金額，無何等連帶之關係，就事實言之，除對於事業所投資本分配相當利潤外，至給予勞工之分紅，每每爲當年盈餘極小之一部，不寧唯是，即以此極小之一部，再從而分給各個勞工之數量，亦爲僱主個人獨斷所核定．然亦有僱主根據各個勞工每年薪工之多寡，定爲一直接百分法，以爲給予分紅之標準者．苟能採用工資之比例以爲分紅之標準，則向產業調和之路徑，又當更進一階段．蓋勞工必能敏捷感覺此種行爲，足以證明僱主爲有誠意，欲以公平原則分配此額外之報酬．因所根據者即爲各個勞工所得工資或薪俸之多寡．是即各個勞工對於事業之真價值故也．

勞工對於分紅制度表示反對之主要理由，實在於分配之總金額，純爲僱主任意的自定。因僱主既不負何等分配之責任，而以分紅之名義所分配之金額，又不能事前明瞭究竟爲營業利益之若干成或與營業利益有何特定之關係。故勞工視分紅制度，不過爲僱主炫耀其慈善行爲之一方法。蓋勞工所欲獲得之報酬，是以權利及公平爲原則，而非根據於僱主之慈善行爲。職此之故，勞工大概寧受較少而確實之工資，絕不甘受較多而不可靠之分紅。因彼輩對於分紅，既無權要求，而其結果，尤爲出於僱主之慈善行爲故也。

·利益均沾制度·

僱主曉然於勞工對於分紅制度之抱種種反對理由者，復變更分紅制度爲勞工均沾利益之方法，藉以救濟分紅制度之窮。利益均沾制度，對於勞資之永久協調，尤爲進一步之方法。實際言之，產業界之利益，苟能以公平一致爲基礎，分配於資本與勞力；而此種基礎，復能公平考慮雙方之地位者，則此種利益均沾制度，當能消滅現代勞資糾紛之一切主要原因也。

然而今日實地應用之利益均沾制度，勞工得同享利益者，不過爲超過優厚股息以外盈餘之一小部份。對於支付優厚股息以外之盈餘，給予勞工之分量，與留歸資本之分量，亦完全爲資本家獨斷所定。故通常勞工所得利益，爲數甚微。此項盈餘之分配權，既完全操於資本家之手，是以勞工之持反對分紅制度理由者，亦以同樣之理由反對利益均沾制度。蓋利益均沾，實爲僱主之一種慈善行爲，勞工固無何等權利貫徹其要求也。

採用利益均沾制度者，亦有對於資本支付充分之股息外，所餘溢利，以百分之二十五歸勞工，而以百分之七十五歸資本家，爲額外之股息。就著者所知，採用最寬大之處置者，則爲資本獲取百分之十之股息外，所餘溢利，平均分配於勞工及資本。因採用此公平方法之故，勞資間感情融洽，事業綿延若干年，及至有一時期，營業異常發達，資本家不願依照舊規收受百分之十之優先股息，必欲主張在未與勞工均沾利益之先，應取得百分之十五，勞工因之羣起反對，而此種方法，遂至於消滅。今之所言，即英國 Whitworth 煤鑛之實例也。

勞工對於利益均沾制度，尚有其他反對之理由。蓋事業之根本組織，其實權絕對操於資本家之手。苟發見事業所獲年利優厚者，資本家必利用種種方法，如攤提工廠機器、專賣權、商譽之類，而以所獲年利，化爲週息四釐或五釐之股份而發行之。勞工如欲均沾盈餘者，必須在此種增股獲取相當之股息以後故也。

是以利益均沾制度，如欲收勞資協調之效果，必須對於勞工有確切之保證。即保證在勞資均沾利益以前，有權要求優先股息之投資，確爲對於事業投以現款之資本，而非對於現在或將來之利益爲名義之發行新股是也。

勞工，尤其是有組織之勞工，對於利益均沾制度，表示更進一步之反對態度者，則以此種制度，不外引誘勞工，使彼饜滿足於不能維持生活之工資，而妄冀將來因均沾利益所獲之增加款項。殊不知勞工之主張，是在資本未獲得任何利潤之先，有權要求充足之生活工資，而非接受工資於資本獲得充分利潤之後。換言之，有組織之勞工所反對者，即生活工資既在資本未獲得任何利潤之先，爲事業合法之首先負擔。苟事業利益偉大者，則利益均沾制度，不過爲僱主壓抑工資於適當生活程度以下之手段，藉於未給予增加款項於勞工俾成就其生活工資之先，對於資本首先分配優厚之利潤。如是而言利益均沾，實不嘗厚於資本利潤，而薄於生活工資耳。

·股份佔有制度·

本章上述四種方法資本藉以講求產業安寧者，乃根據於工資制度之改善。在另一方面，資本所主張之股份佔有制度，則爲根據於私有財產制度之改善勞工之僱主尤其是雇傭大多數勞工之僱主，以謂苟勞工在被雇之公司，佔有股份，則對於其股份因欲保證並欲增加股息之故，當然對於公司之營業利益，咸受關切。蓋彼輩既以工資之形式獲大部份收入，又能以股息之形式取得公司之利益，故對於工資問題，自不復斷斷有所論難。僱主之意以爲收入不問以工資之形式或以股息之形式，至終既歸勞工所有，則勞工對之，當然有透澈之見解也。

苟勞工佔有公司全部之股份，則必能達到此結論。苟能達到此結論，則勞資間之糾紛，必能完全歸於消滅。蓋勞資雙方，既爲同一羣衆所代表，則賣價所得利益之超過於資本生產費者，或爲工資而入於右手，或爲股息而入於左手，對於彼輩全體，直完全無問題也。

然而資本對於勞工佔有股份之計劃，尙未能達到獎勵勞工承受公司股份全部之程度。實際言之，資本之對於此種計劃，常留意祇令公司股份之一小部份歸於勞工之手。資本家之意，苟勞工取得公司股份極微小之一部份，卽認爲滿足。今舉例證明之，卽如合衆國橡皮公司（United States Rubber Company）之股份，以分期繳款之方法，爲該公司職員及其他僱員所買受者，爲十四萬六千股，不過值股份總額十份之一。又如美國煉糖公司（American Sugar Refining Company）就其資本總額九千萬元之中，勞工所取得之股份，約爲一百六十萬元，更於 Studebaker 汽車公司之例觀之，其資本總額爲八千三百萬元，而勞工所佔有者，實祇得一百三十萬元耳。

準是以談，則所謂股份佔有制度者，不過以股息之形式，而予勞工以極微小之額外收入。至對於公司之營業進行，彼輩實無充分之發言權，是以勞工領袖對於此種制度，態度異常冷淡。彼輩以謂此種制度，不外爲資本家之策略，藉以引誘勞工滿足於不充分之工資，而冀將來所得之股息以補工資之缺陷而已。著者對於股份佔有制度之問題，當於下章根據不同之論點，再申述之。

·工團代表制度·

除運用工資制度之改善，或私有財產制度之改善，藉以達勞資協調之目的外，資本更有運用產業管理制度之改善，藉以維持產業之安寧者。其主要之方法，則以工團代表制度或公司同盟或產業平民主義之名稱，令勞資雙方之代表，於一定時期，開聯席會議，解決一切糾紛是也。

此種聯席會議之根本觀念，在於公開詳細討論僱主與僱傭人間之爭執及他項問題，以求雙方相互諒解彼此之地位，而達消滅鬥爭之目的。設如問題發生，雙方公開討論之後，勞工之代表與資本之代表，應仿照民治主義國家會議之精神，以多數不受拘束之決議，解決問題是也。假使此項工團代表之方法，勞資雙方能出之以誠意，實足以消除若干之爭執而減輕未決之糾紛。

然而勞工對於工團代表制度之全體組織，祇如勞工領袖所謂不外為一種「欽定或指派的同盟」，實持有種種反對之主要理由。其第一件，卽根據普通習慣，勞資雙方均派同數之代表出席聯席會議，故遇一問題爲資方代表受命所反對者，勞方代表決其必不能取得多數之可決。不特此也，公司執行之領袖，對於此種會議之議決案，又常有一種否決權。故提議事件爲執行領袖所反對者，勞工卽使在聯席會議一旦戰勝資方代表取得多數之可決，仍不能決其議決案之必付執行也。

不寧唯是，此種代表會議之發言權限，又大抵限於比較輕微之事項。例如分配工程，裝置或改良機件，修葺或改造工場透光換氣與夫通路之類。苟勞工代表對於重大問題，如增加工資或減少工作時間之類，妄露頭角輕率發言者，則必立受指摘，謂爲越權干涉權限以外之事件。設彼輩仍堅持主張者，其結果則必爲資本代表一致所反對，或爲執行領袖所否決。

工團代表制度，爲勞工反對尤力者，則以此種制度，實爲資本之策略，藉以離間勞工，俾不能全體一致組織有效之同盟，對於工資勞働時間等問題得處於獨立平等之地位而與資本相角逐是也。勞工領袖對於聯席會議席上勞資兩方權力之比較，其意見以爲恰如甲乙二人相向而坐；甲坐於一斧之下，而斧則有繩牽引至乙之手。就表面而論，甲乙二人均有同等權力提議事件或固執主張。然實際言之，苟乙某急引其指而牽動繫斧之繩，甲某對於爭點，必當即退讓。苟不然者，惟有觸斧而殆耳；即被罷黜是也。

·福利事業·

資本最後之方案，運用產業管理制度之改善，藉以輕減產業之鬥爭者，可歸納於福利事業之命題而申論之。此種福利事業，乃資本欲藉以感化勞工，而獲得其好感者，包括社交、娛樂、教育、競技場、運動器具、醫藥費、病院、撫卹金、減費團體保險、原價飲食店、販賣店、廉價屋租之類。苟執行此類優待勞工事業，而能出於明敏之手腕，則對於防遏產業之鬥爭及增進勞資之睦誼，誠有相當之效力。蓋僱主之此種慈善計劃，如確能予勞工以實益，則彼輩必能觀察僱主對於勞工福利之誠意。彼輩即或以爲僱主之用心，不免出於維持勞工之健康及效率之私見。然維持勞工之健康及效率，究爲勞資雙方同沾之利益。因勞工體魄之強健，對於僱主與對於勞工自身，實同樣重要也。

然而有組織之勞工，對於福利事業之批評，實有兩種：第一種，則謂僱主之目的，在扣剋勞工之租項糧食費用等，乃假慈善之美名，羈縻勞工使之安於現狀。勞工之意見，以爲苟僱主給予充分之工資，則彼輩寧願在自由市場以市價取得自己之住宅及糧食，而不願受僱主之干涉或指導。勞工又以爲公司住宅及販賣店之計劃，雖程度容有不同，然其性質與熱帶地方流行之苦工償債方法無以異。蓋熱帶地方之苦工，因僱主常預付糧食及他項費用，以致彼輩債臺高築，終世爲僱主之奴隸而不得解脫。勞工對於公司住宅或販賣店，苟負有債務者，程度縱或稍輕，要其爲降服於僱主權勢之下則一也。

其次，有組織之勞工，對於僱主之福利事業，加以抨擊者，則謂此種事業，近於家長制，大有喪失勞工人格自助與獨立之趨勢。勞工主張以爲苟僱主給予充分之工資，則彼輩自能依自己之意見，照料自身之娛樂及教育，準備自身之醫藥及保險，又能隨意之所適，建築或租借自用之住宅。要之，有組織之勞工，對於勞工無論在任何情形，形成資本奴隸或被保護於資本之一切觀念，均深致不滿。蓋勞工之要求於資本者，非爲慈善而實爲正義。換言之，勞工所要求者，爲獨立之工資，俾受僱者，不須仰資本家之鼻息，而得營自由獨立之生活而已。

第五章　勞工之方法

勞工講求產業協調之方法，一如資本所採取之方法，得分爲工資制度之改善，私有財產制度之改善，及產業管理制度之改善三者言之。然於此有不能不說明者，則勞工之或種方法，藉以協調勞資者，不在於勞資一致之和諧，而在於勞工超越於資本。勞工藉以改善工資制度之主要方法，爲最低工資勞工同盟及階級戰爭。改善私有財產制度之主要方法，爲集產主義（即社會主義或共產主義）及國有制度。改善產業管理制度之主要方法，爲建設政府之產業行政機關，及各種社會保險，如傷害保險，失業保險及養老金之類。

除上述勞工各種方法之外，另有方法關係於改善私有財產制度及產業管理制度者，則爲建設消費合作之事業。此類事業，出資與經營均操於勞工之手。

·最低工資·

左袒最低工資之勞工，以爲最低工資，最少亦應視爲一基礎，依此而計劃一種勞資雙方均認爲公平之工資制度。而此工資制度，基於生活費之變動，復能自動調節，不須出於同盟罷工或同盟怠業之手段。因此之故，勞工深信法定最低工資，對於產業永久之安寧，實爲一絕好路徑。所謂最低工資，依勞工之意見，當然以給予於最不熟練之勞工之最低工值爲標準。而對於上級工作需要技巧及訓練者，則視程度之高低，而以百分法列爲最低工資以上之若干分。故遇最低工資變動時，則各級勞銀亦隨之而變動。

十餘年來，著者確信最低工資，實爲解決勞工問題之一大關鍵。然以最低工資之原理適用於產業界實際之狀況以後，著者之結論，實不獲已仍不能不趨於最低工資之原理不適於實用之一斷語。實際適用最低工資，頗感種種之困難。依適用方法之不同，最低工資，得分爲四種：第一種，最低工資，祗足以供給勞工之個人者。第二種，最低工資，足以供給平均有五口之家族者。第三種，最低工資，足以供給勞工之個人，但遇家族人口增加時，得酌量增加工資至五名者。第四種，最低工資，足以供給平均有五口之家族，但遇人口減少時，得酌量照減者。

反對第一種最低工資之理由，則爲已婚者必不能藉個人之最低工資而生存。苟以法律規定爲最低工資，則必至人人視結婚爲畏途，因之破壞家族制度，而增加傷風敗俗之行爲。反對第二種最低工資之理由，則爲苟此種最低工資不能同時適用於全世界，則多數產業界，必不能支給此種工資而仍能在世界市場或甚而在國內市場相角逐。推其結果，必至發生多數失業之問題。換言之，即工資雖高，但無職業是也。反對第三種及第四種最低工資之理由，則爲此種最低工資，對於有家族者顯示差別。蓋僱主依照最低工資制度之要求，在支給高額工資於有家族者之先，必先利用獨身之勞工。是以營業衰落之時，首蒙不利者，必爲有家族之人。故其結果，亦必使結婚歸於困難，因而破壞家庭，危害國家之基礎。

復次，則曾適用法定最低工資之國家，對於不合格或身體不完全之勞工，如殘廢者，老朽者，或五官不完者，亦發見有設定例外之必要。然若以政府身當其衝，決定應在如何情形，得設定例外，或決定不合格之勞工，應取得最低工資以下之若干工值，又或決定何人可以判斷勞工不合格之程度等，誠屬難事。苟令僱主執行此項決定，則最低工資之原理，即時可以放棄。如不令僱主參預其事，則彼輩必不願僱傭不合格取得最低工資或最低工資以上之勞工。誠如是，則不合格取得最低工資之勞工，必至陷於終歲失業而爲倚賴之人。所謂身體不完全之勞工，當然其不完全之程度，有由極輕微而至完全殘廢者。若不予以半分之糧食，則彼輩將完全絕食而已。推其究竟，社會不欲繼續產業則亦已耳，如欲繼續產業，則勞工不能不生產價值以獲取工資。苟其所生產之價值甚微，若非給予他人勞力結果之一部，則其所得之工資，亦必甚微。由是觀之，此誠不能不謂最低工資，實不外以慈善之手段，而補充勞工之生產力耳。

・勞工同盟・

勞工組織勞工同盟之主要目的，在使勞工與資本家相峙得立於對等之地位。蓋在現代產業界，資本家常聯合爲一氣組織大公司。爲之股東者，對於勞工之關係，在法律上直鎔化爲一有力之團體。勞工以各個分子，對於此鞏固優越之團體，以求解決工資及勞働時間等問題，實不由不深感勢力之薄弱。因此之故，彼輩以爲如欲對付團體，應有組織團體之必要。即以有組織之勞工，採取一致之行動，藉以對付有組織之資本苟能如是，則彼輩深信與敵方較，當能獲得同等之勢力也。

由是觀之，勞工組織之根本觀念，實認勞資間之利益衝突，萬難改變。有組織勞工之領袖，公然承認工資勞働時間及勞工待遇諸問題，不能律以理論，惟有決之於武力。故彼輩亦惟力求戰鬥力之超越於資本。彼輩既深信勞資間之利益衝突為不可解脫，故其結論以為如欲產業歸於安寧，惟有俟資本戰勝勞工，或勞工戰勝資本；而彼輩之企望，則當然求有組織之勞工，獲最後之勝利。故其主張，直如羅馬帝國之以武力求和平耳。

是故勞工同盟主義，非以建立勞資間之協調，而實為組織勞工軍備俾其戰鬥力得超越於資本團體之一種手段。勞工同盟主義愈發達，則產業鬥爭愈激烈。前此以一單獨僱主而與其僱傭人鬥爭者，今已為勞工同盟主義所擴大。故現代全產業界之僱主，正與全產業界之勞工組織進行決鬥。近時之情勢，日趨緊張，終至全國之資本聯合而與全國之勞工團體為最後之掙扎而後已。勞資雙方之組織愈擴大，則同盟罷工愈不可遏。猶之列強兩派之聯盟愈盛，則世界大戰愈不能免也。

在有組織之勞工與有組織之資本進行其連年不絕戰爭之中，其單獨之戰鬥，即爲同盟罷工與同盟歇業。勞工取攻勢時，即形成同盟罷工；資本取攻勢時，即形成同盟歇業。在此種慘無人道之經濟戰爭中，雙方均無暇顧及中立者。是以公衆之權利與法益，一任所蹂躪而無餘，一如世界大戰當時中立國主權之被交戰國蹂躪也。

·階級戰爭·

勞工與資本兩方面之組織，彼此均進至舉國一致之範圍時，勞工同盟主義，在論理上當然一變而爲階級戰爭。即勞工總體對於資本家總體之戰爭是也。當斯時也，雙方所取之戰爭手段，愈演而愈形嚴酷；凡爲勞工者，即被壓迫而加入勞工同盟，凡爲僱主者，亦即被壓迫而加入僱主聯合會，其徵募之方法，一如政黨之政爭，完全否認個人之自由。勞工或資本家，苟不允加入其所屬同盟或聯合會者，即被認爲對於勞工主義或資本主義，爲背黨賣友之叛徒而受擯棄。

至是，强迫罷市亦蔓延全國。勞工忠於其同盟，較之忠於國家，尤爲切要。彼輩卽不忠於國家，猶可生活。苟對於同盟有背信義者，則立可爲餓莩。由是觀之，此輩勞工領袖，實不啻建立一私人之經濟的政府。而其權力，抑且超越於公衆之政治的政府及國家之憲章典型也。

就資本方面言之，因其號召政府之力，莫可與京，故能隨時修正法律，俾其全體組織，常得寓於法律之中。職是之故，苟放任階級戰爭而不加以防遏，則其結果必致破壞民治政府，轉而樹立資本階級專制或勞工階級專制之階級暴虐政府。勞工之主張向全國資本家開始階級戰爭者，其公開宣言，直表明其目的實在於勞工完全戰勝資本，而處於絕對優越之地位。

實際言之勞工同盟主義所釀成之階級戰爭，並不限於國界。各國之重要勞工同盟，常趨於聯合而爲世界大同盟。極端主張階級戰爭者，其目的實在於喚起全世界勞工而與全世界資本家鬥。由是觀之，此種私鬥，不特妨害國家之安寧，抑亦妨害全世界之和平；終至於破壞民衆有責任之政府，而樹立階級專制於天下耳。

在未進行研究此種勞工哲學進展之先，吾人應再有一度明確之了解。即勞工全般之運動，其根本之觀念，實在於確認勞資雙方之利益，為絕對不能相容，而又不能發見一方法，俾勞資雙方於合作生產有用商品之後，排除一切如野獸爭食之惡鬥，一以合理公平為根據而分配彼輩勞力之所獲是也。

·社會主義及共產主義·

勞工再進一步之推論，即謂資本不特應為勞工所管轄，更應為勞工所獨佔。誠如是，則社會私有財產之組織，亦應根本改革。根據馬克斯之「資本論」，其公開之論調以為生產之利益，絕無合理或公平分配於勞資間之可能。蓋凡資本之發生，實由於侵佔勞力及抑留勞力所獲一部份之結果而來。其論調既視一切資本為掠奪，是以其斷案即謂資本無權享受生產利益之任何部份。由是觀之，馬克斯之主張，藉階級戰爭所達到之目的，實超出於勞工管轄資本以上。換言之，馬克斯主義，實主張滅絕資本家而以產業界全部在一社會主義或共產主義國家之下，完全歸於勞工之支配。就馬克斯立言，旣視一切資本爲掠奪，故主張勞工應以暴力沒收資本爲恢復其巳失之利權。所謂巳失之利權云者，卽勞工所生產之財富，除彼輩獲取僅足以糊口之必要生活費外，其餘盈餘之價値，殆盡爲資本主義所奪去者是也。

馬克斯所著「資本論」，共爲三大卌。對於資本之理論，發爲皇皇之大文，然其最後之斷語，亦不外謂「一切資本盡爲掠奪」聊聊數語而巳。其所持之見解，不過援引封建時代及工業革命初期壓制勞工若干之事實，絕不加以深切之硏究，遂率爾下一網打盡之斷案，曰：「因舊日若干資本，乃以壓迫勞工之手段爲不公平之取得，故近世世界各國之一切資本，亦爲掠奪勞工之結果」。然吾人苟一論及美國現代多數勞工銀行，其大多數或全部之資本，實爲勞工儲蓄所募來，卽以知此種斷語之荒謬絕倫也。資本旣爲勞工所有，豈勞工掠奪自身而獲之歟！

在美國及一切開明之國家，節儉之勞工，常能以個人之儲蓄而獲取大工業投資充分之股份準是以言勞工所獲之資本奪自何人，此亦豈彼輩掠奪自身而求之歟。馬克斯論理根本之荒謬，明眼人當能瞭解。蓋資本非掠奪之結果，而爲儉約勞工節衣縮食之儲蓄所構成。苟資本既非掠奪而爲節儉，則以暴力沒收資本者，誠爲大不公平，而自身適反立於掠奪之地位。誠如是，則馬克斯社會主義及共產主義之論據，亦不攻而自破。

馬克斯第二之論據，爲共產主義組織之根據者，亦屬毫無理由。其言曰，一切價值，乃勞力單獨所產生，資本對於價值之產生，無何等之關係；由是主張資本對於產業之利益，亦無獲取之權利。然而有識者公平之觀察，不能不承認受資本供給工具及機械之勞工，其生產力之偉大，當有十百倍於不能運用工具及機械之勞工之生產力。卽此一端，亦可以見資本對於生產及生產之增加，實具有莫大之助力也。

馬克斯於此，亦不無中肯之言，因其確認一切價值，爲勞力所產生（除天然富源之外）。蓋產業界所用之工具及機械，實亦爲勞力之生產物。換言之，資本爲勞力之結晶，卽儲蓄力。由此類推，則凡交換價值（天然富源於此亦應除外），亦爲勞力所產生。卽智力，或手工之勞力，腦力，或管理之勞力，及資本，或儲蓄之勞力；此三者實爲現代產業界之三大要素，不可或缺者也。

根據俄國過激黨之實驗，其始卽實行廢棄此三大要素之二；卽資本及管理。然而勞工等在攫奪工廠中，用盡原料之後，工作卽行停止，不能前進。由是發見如欲獲得原料繼續工作，誠不能不有賴於資本。同時因須販賣生產品於市場，採辦各項原料，與夫調節製造之進行等，亦在在感覺管理之萬分必要。職是之故，前此集團共產主義或稱工場單位共產主義，遂不得不急轉直下，而變爲國家資本主義。而所謂國家者，以資本家之資格，遂亦不獲已而急於再度容納專家管理於產業界。

·國有制度·

除上述主義之外，仍有大多數勞工，一面雖贊同馬克斯社會主義者之主張，以暴力侵佔資本爲財產制度之根本改革，然而不以沒收方法爲最後之手段。其所主張者，實爲最高之控制權。此輩勞工之意見，以爲私人之資本家，應收受適宜之報酬，退居無產地位，而以其產業所有權，完全歸諸國家。雖然，苟此種資本家，仍得以所收受之報酬，再度投資於其他私人之事業而與國有事業爲自由之競爭，則私人事業之高度效率，必將獲取市場之利益。反之，無效率之國有事業，執事者大率爲無經驗無實用之政客，其營業之必歸於虧折，實無俟贅言。故以國有制度爲滅絕私人資本家之手段，終見其歸於失敗耳。

不寧唯是，所謂國有制度或過激主義，對於勞資協調之問題，仍不能予以何等解決。此二種組織，不過以個人之資本所有權移歸國家而止。在政客管理國家事業之下，勞工是否能獲更佳之工資，工作時間及待遇，殊屬疑問。蓋國家之法令，勞工絕無反抗之可能。苟有表示反抗者，必以叛逆國家論。國有制度或過激主義，對於國有資本與國有奴隸之勞工間，既未能尋求公平合理之方法以爲分配國家事業利益之基礎，故其分配之方法，亦不外視勢力之强弱以爲斷。職是之故，勞工之工作於國有制度或社會主義組織之產業界者，比之工作於私人資本組織之產業界，其不幸爲尤甚。蓋工作於私人資本者，對於經濟之不公平，猶可訴之於自身之經濟勢力或更訴之於法庭與立法機關故也。

於此有須說明者，則上面所述，祇就產業而言而不及於天然之富源。蓋民衆之全體，對於國家所有之土地水利礦產森林油井之類，當然有權共同保持而為全國之享有，苟有以私人資格開發之或利用之者，則必繩以嚴密之法規，俾其不能過分取費於公衆。故對於天然富源，即天所賦予之利源，曾不藉人力者之歸於國有，與對於產業，即個人勞力節儉結果所享有者之歸於國有，不可無顯著之區別。今試舉一煤礦以為例，煤礦既為天所賦予，則偶然發見之而獲得之者，對於各個努力發掘此煤礦而產生煤炭以為世用之礦工，實無權收受採掘權之費用。蓋發見者對於煤礦，未嘗勞力，實不得享受利權。反之採掘煤炭之礦工，因其努力於產生煤炭，故應享受相當之利權。他如天然瀑布之類，未嘗施以人工者，亦與煤礦之例事同一律。因既未嘗施以人工，故無人可以要求所有權或收取租金（即不能為所有權之移轉）。蓋天然瀑布者，亦當然屬於國民之全體也。

雖然，國家天然之富源，雖以歸於國有為適當，然而開發天然富源所需要之生產事業，即為勞工與公衆計，仍以租借於私人資本之經營，比較優勝於政府之經營也。

·產業行政機關·

勞工欲達到建立勞資協調之目的，除運用改善工資制度及改善社會財產制度之外，復主張改善產業管理制度之種種方法。其尤顯著者，則莫過於建設政府之產業行政機關，以爲直接統轄全國之產業界。此種方法，比較過激主義之予勞工以政治之最高權力者，似稍近於保守主義。蓋主張此種制度者，實欲藉產業行政機關以平衡勞資之利益。至公衆之福利，則仍以原有之政治行政機關而治理之也。

採用此種實驗者，首推意大利。其運用之方法，卽改組上議院，以勞工同盟代表及資本家聯合會代表各半數組織之。公衆之政事，則取決於下議院。然而意大利之實驗，尙在萌芽時代。此種方法之是否能以建立勞資之協調，則仍屬疑問。蓋此種實驗之全部計劃，完全以墨索利尼之高壓手段施之於意大利舊日之社會黨。社會黨勞工同盟對之，當然表示強硬之反對。因社會黨勞工同盟，曾被殘忍屈辱的解散而代以棒喝黨之同盟。無怪社會黨勞工目之謂指派的同盟，一唯狄克推多之命令是從也。就美國之輿論觀之，此種實驗，墨索利尼雖出以眞誠予勞資雙方以對等之代表權於產業議院，藉以構成公正之裁判機關，遇勞資發生糾紛時，得以避免鬥爭，（即同盟罷工或同盟歇業）而取決於裁判。然而狄克推多之有藉於資本之勢力，與棒喝主義之根本反對社會主義之勞工，即構成勞工同盟大多數之勞工觀之，即以見意大利之產業行政機關，實有資本超越於勞工之色彩。意大利之棒喝主義，無論如何，已被一般社會主義者及共產主義者認爲與彼輩以勞工完全超越於資本爲目標之意見，適處於相反之地位。

墨索利尼之計劃，與國際聯盟有關係之國際勞工同盟所努力提倡者，頗有類似之點。蓋該同盟所主張勞資協調之方法，乃以各聯盟國所派勞方代表資方代表各半數及各聯盟國所派與各該國勞資全體代表同數之政府代表組織之合議機關，爲解決糾紛之最高權力。故其根本意義，亦在以相等權力賦予聯盟產業機關之勞資雙方。至於公衆之利益，則以政府爲之保障。即使勞資雙方聯合爲侵害公衆利益之行爲時，仍得以法定之半數對抗之也。

此種產業行政機關，將來發展至若干程度，或可建立勞資永久之協調。然在實驗期中，誠難免各種危險。其第一件，卽政府旣由勞資雙方對等代表，一遇勞資發生糾紛，不特如現時產業界爲之停頓，卽政府自身之行政，亦必歸於停頓。譬之勞方或資方，見其政策不能容於代表民衆之議院時，則受打擊之一方，亦必據產業議院運用其權力，否決各項重要法案，如預算案之類；卽此一端，已足以停頓一國之政事也。

其次，則勞資糾紛，在一國之立法機關成爲重大問題之時，苟少數黨表示反對者，其結果必至由同盟罷工或同盟歇業而變爲反叛政府。故產業鬥爭，遂亦變爲國內戰爭。國家之軍隊，本來一表忠誠於政府者，至是因政府自身，旣分爲兩派互相對峙，乞援於軍隊之武力，以求貫徹其主張，遂亦分裂而爲二。在此情形之下，國家之軍隊，當然不能獨立而爲最後之仲裁人，藉以保持公正裁判機關之裁判權也。

又其次，則工作者對於或種工作所願接受之工資，完全出於自己之自由意志。苟對於或種工作而强迫勞工接受彼輩視爲不滿足之工資，是直構成强迫勞工爲奴隸之行爲耳。

不寧唯是，苟勞工拒絕工作之人，超過百萬以上，如欲强迫工作，其唯一之方法，惟有出於軍隊式之徵役是則所謂國家超越於個人者，實不外以美名而行奴隸制度而已。誠如是，則國民不復作國家之主人翁，而反降爲國家之奴隸。

今姑退一步言，卽使國家爲最嚴厲之徵役，對付不願工作之人，而達到强迫工作之目的。然爲之勞工者，仍得如在勞動爭議時，運用其所謂怠工之方法，以資抵制。蓋欲工作之良好，必須由願意工作者爲之。是以產業行政機關，苟不能發見一方法藉以公平分配產業利益於勞資之間者，實不能解決勞資協調之問題。然苟一旦發見此方法而制爲法律，則建設產業行政機關之理由，當然不能存在也。

·社會保險制度·

勞工以社會保險之名義，爲改善產業管理制度之方法，藉以達到勞資協調之目的者，大致與資本所提倡之優待勞工事業相同。惟此種方法，勞資雙方，不過視之爲減輕現時產業界管理制度所特有之痛苦之一種治標計劃，而非以之爲消滅痛苦原因之治本計劃耳。

資本所採用之優待勞工事業與勞工所要求之社會保險，其最不相同之點，則為勞工所提議之社會保險，在勞工視之，實為資本之義務；在法律上，勞工有要求其履行之權，絕非慈善事業所可比也。

勞工要求之一端，即在服務期內，發生不測之傷害及承受職業上之危險等，應以公司費用為保險之保障。此項要求，已被一般人士認為公平。而在多數開明之國家，亦已制為法律執行之矣。

在比較狹小之範圍，產業界對於職業上之疾病及因此種疾病致死，應負擔保險一事，雖法律尚未有強迫一般產業界以實行之明文，然亦已被認為勞工正當之要求。故往往有識見之僱主，承認此種社會保險為公平；因而對於勞工，自動的設施疾病及死亡之種種救濟方法。對於此點，勞工合理之要求與開明資本家自動之允諾之間，實無何等異論也。

關於養老金之問題，社會輿論頗不一致。就法律上言之，亦多有未能承認此項社會保險之制度者。有一部人士，以謂養老金應由各個職業，對於其自身所僱傭之勞工，直接負擔者，亦有他部人士，以謂養老金應概括的統由國家負擔者。其以國家負擔養老金之理由，蓋謂老朽之勞工，與其謂對於最後之僱主，曾爲獻身之服務，無寧謂對於一般之社會，曾爲獻身之服務。苟以養老金之責任，歸於最後之僱主，而不歸於國家，則年近養老年限之勞工，尋覓工作，必更爲困難；因之養老金之負擔，亦必同時增加故也。

有組織之勞工，大抵不以養老金之制度，爲其主要之政策。勞工領袖之意見，以爲苟僱主在勞工氣力旺盛之年，給以相當之工資，則彼輩自身，必能對於其老年之生計，有籌謀之方策。故彼輩寧主張以充分社會的正義，施於勞工，而不斷斷於社會保險。蓋在勞工精銳之年，苟能施以優待，實無需於養老也。然以養老金爲老年之一種緩和劑，則猶爲勞工所歡迎耳。

此外，社會保險制度，則爲勞工所贊成而爲資本家所反對之失業保險。然而贊成失業保險者，對於負擔保險之責任，究應歸特有之事業，抑歸全般之產業界，或抑歸國家之全體，輿論亦至不一致。就美國言之，Amalgamated Clothing「聯合織造」之勞工，正在計劃一種失業保險，而以織造事業負擔其全部責任。反之，就英國立論，救濟失業之事業，則概歸國家負責辦理。

失業一事，資本與勞工，雖均承認爲現代產業制度特有的最不幸最痛苦之問題。然而失業保險，無論在任何方式，强之實行，必發生種種困難。蓋失業保險制度，其自身實有致敗之理由在也。譬諸一單獨產業界，對於其所僱之勞工，實行失業保險，則對於失業者所支出之救濟金，不能不加入留職者之生產費計算。故採用失業保險之產業界，失業者愈加多，其結果必至製品之賣價愈高漲；因之其製品之需要亦愈減少，製品之需要既減少，是爲生產過剩，則失業者益加多，製品之賣價亦益高漲，終至社會趨於購買替代品。而此失業保險，遂不能不歸於失敗。

即使國家全體負擔失業保險之責任，其結果亦必趨於一途。蓋國家支出救濟金於失業工人，則其製品在國際市場之賣價，必因之而高漲。賣價既高漲，則其製品在國際市場之銷路，必形退縮。銷路既形退縮，因之失業者益加多，賣價益高漲，銷路益退縮，終至不能立足於國際市場之競爭。而此失業保險之制度，遂不免於毀滅。

·消費合作事業·

勞工最後提議之方法，藉以達到產業安寧之目的者，卽本章章首所述之消費合作事業。此種事業，實關係於改善私有財產制度及產業管理制度。蓋勞工所主張消費合作事業之根本觀念，在以全部勞工之資本，建設若干事業，而管理之權，亦完全歸諸勞工。誠如是，則勞資雙方之種種衝突，得以減輕。因在此種事業，資本家與勞工既同為一人，勞資之間，當然無衝突之可能也。

於此有可注意者，卽消費合作事業，大概以組織賣店為主。勞工利用其所有權與管理權，希望對於自身，得減輕生活需要之費用。消費合作之目的，與其謂產生利益，無寧謂減輕費用。故其事業，專注重於分配及消費，而不及於生產。間有以生產合作事業為實驗者，然此種實驗，大率不免於失敗。其主要原因，則以生產方法之複雜，遠非分配與營商之方法所可比擬。蓋製造工業，比較經營賣店，處理分配既成之製品，尤須有待於高級之技術故也。職是之故，苟欲成就一製造工業，必須採用有訓練之管理機關，以代替選任無訓練之手作的勞工。換言之，卽事業苟進至現代製造工業之複雜階段，則管理機關，必趨於與勞工分離，而落於勞工以外之人羣之手。

卽就投資能力一方面言之，在消費合作組織之下，經營賣店，供給勞工日常之需要，其所需要之資本爲數甚微。反之，經營現代大規模之生產工業，其所需要之資本必甚鉅。是以勞工對於經營消費合作之賣店，雖容易募集資本。苟事業而爲大規模之工業者，則其組織，必趨於勞資分立之一途，而各爲不同之人羣所管轄也。

勞工所提倡之消費合作主義，與資本所提倡之股份佔有制度，頗有相類之點。所最歧異者，則勞工之目標，在佔有消費合作事業全部之投資，而資本所主張，則在讓予勞工以少數之股份是也。苟於一事業，其資本全部之所有權，與勞工全部之供給，均爲同一人羣所享有，當然有避免勞資衝突之可能性。所可惜者，勞工之消費合作觀念，雖主張佔有事業全部之投資，然其事業，究不免局於產業界之一隅。而資本之股份佔有觀念，雖有蔓延於產業界全體之傾向，然其讓予勞工所佔有者，究爲資本極微之一部。至關於勞工漸次購買其所服務事業股份之全部，使資本與勞工化合而爲同一之人羣，藉以達到勞資協調之問題，當於後章再申論之。

第三編　勞資協調之具體計劃

第六章　勞力非商品

吾人略一觀察上述產業界糾紛之原因，及其排除方法之試驗以後，今試再移眼光於卷首簡單之例題，即有一人供給價值二元之材料，更有一人供給工作，製造一椅，而以五元之代價出售之是也。因椅子之製造，所獲得三元之新價值，此二人者，豈除鬥爭以外，別無分配之方法耶。抑勞資之間，除糾紛與衝突以外，對於產業之利益，豈遂無合理及公平之法則，以爲分配之標準，俾雙方均表示滿足耶。

本編以下所述，即欲致力於闡明及採用一種公平之方法，以爲分配之標準，俾可達到勞資永久協調之目的，而得以消滅現代產業國家連年累月之經濟戰爭者也。

今欲解決此問題，不能不先論述兩大關鍵：第一，即勞力非商品，其次，即資本乃商品是也。

讀者或以謂此種淺近之論，實無何等實用之價值，已為一般人士所習知。然而「人類之勞力，不得視為商品或貿易品」一語，豈非北美合衆國國家法律所規定者乎。獨惜法律猶未有明白規定如何適用此項原則之明文，以致大企業界，遂置諸度外耳。

·現代視勞力如商品·

在現代僱傭制度之下，勞力實際已被認為商品，而受商品之待遇，一如他項貿易品，得為自由之買賣。資本亦視勞力為生產費之一部，一如他項原料，構成製品之要素者。故對於勞力之生產費，亦求達到最少之分量及最低之價格為目的，一如對於他項製品之原料。職是之故，勞力於必要時則購入之，在可節省之時，無論何時，資本得任意廢除之；對於勞工之前途，可不過問，一如資本家對於腐敗之商品，雖不購買，亦不負何等責任。

不寧唯是，資本之苛待勞力，更有甚於商品者。蓋資本家於不必要時，鮮有儲蓄多量之原料品，而虛糜財力者。然而大多數之資本家，雖於不必要時，明知不能予勞工以長期之工作，亦往往羅致多數勞工，以應其臨時之急需，因此種舉動，不致虛靡財力也。勞工之失業，於資本家毫無所損，然而失業勞工之自身，則失業之事，不啻致其死命也。資本僱傭過量勞力所發生勞力價値之損失，實完全歸於勞工，而不歸於僱傭過量勞力之資本家。蓋此項過量之勞力，得以資本家之自由意志爲取捨故也。苟僱傭勞力而爲有利於資本家者，彼可坐享其同類努力所獲之利而無愧。反之，一旦羅致勞工於工廠之後，或者其廠址又爲去人烟甚遠，無從擇業之地；苟營業而爲無利者，彼於法律上不負繼續僱傭勞工之責。故對於解僱所發生勞力價値之莫大損失，與夫解僱後勞工所受之痛苦，亦非所過問也。

・僱主繼續僱傭勞工之責任・

吾人苟視勞工爲人類，而不僅認其勞力爲普通之商品，則對於現代僱傭制度，應有二種之大改革：其一，卽資本家旣藉其同類之勞力而謀利益，則對於其同類，在道德上及法律上，應負有繼續僱傭之義務。其二，卽勞工對於其勞力所產生之利益，在道德上及法律上，應享有充分社交價値之權利。

法律容認僱傭契約最短之期間，應以年爲標準，而非如今日之以一週間，一日或一時爲標準。勞工既爲有生命之人類，則年中須求生活而不可須臾中斷。勞工非如機械，可停止運動六閱月之久，至期滿時，仍能勝任運轉也。勞工又非如商品，於不需要時，可束之高閣六閱月之久，至期滿時，仍能出售也。苟以同一之方法，施之於勞力，則越六閱月後，行見勞工早已畢命，或淹淹待斃耳。

論者或以謂世上每每有季節之營業，欲求於一年中繼續僱傭勞工，殊非易事。不知世上無季節之人類，不能僅僅需要季節營業旺盛時期之生活。苟法律規定以一年爲僱傭勞工最短之時期，則凡屬季節營業之僱主，必能如今日賢明之經營家，於營業清淡之時，尋求補充之副業，藉以維繫勞工。即以無學之意大利人，亦明此理，於其行商之貨車上，大書「冰炭薪」等字樣，可知其已深得季節營業之妙諦矣。

又如製衣服者，冬則製裘，夏則製葛。經營城市之旅館業者，於夏季營業清淡之時，則經營避暑別莊。營造屋宇者，於入秋之時，則爲屋內之裝修，以備冬令之用。凡此種種，皆得補充事業之利益。

然而近世經營事業之人，猶未能普及利用此種方法者，實緣僱主利慾薰心，一以剝奪勞工之利益爲職志。營業旺盛之時，則坐享厚利。苟因僱傭勞工於營業清淡之時，致利益銳減者，則勞工所應享之利益，必至榨取無餘。在近世僱傭制度之下，爲僱主者，得安然享受剝奪勞工之利，而令勞工獨受其害，誠可慨也。

雖然，在一大產業國家，縱以法律規定如上述最短限度之僱傭時間，而失業者，仍終不能盡免。對於此少數之失業者，亦惟有依據商習慣之例，制定勞工保險法，一如現行傷害保險，或人壽保險者，藉以濟其窮耳。

·勞力之眞價在其實效·

吾人苟欲建立勞資永久之協調，則現行僱傭制度，尙有待於第二步之改革者，乃在於放棄以勞力爲商品之觀念；轉而根據勞工之生產價値，尋求報償之方法，藉以賦予充分社會之價値是也。

雖然，勞工在社會上充分之價值，將何由而決之乎。苟根據上編所述馬克斯之論調，實為一極簡單之問題。因馬氏倡言，所有資本，既為資本家掠奪勞工生產之結果，則資本家對於生產之任何部份，當然無享受之權利；而生產之全部，即為勞工社會之價值。反之，苟吾人承認現在資本之總體，乃為節儉儲蓄之結果，則資本賦為合法。而近世企業之生產，因利用資本乃能成就或增加。準是以言，則資本之大有貢獻於生產，實毫無疑義。故資本家對於生產之價值，當然有享受報償之權利也。

今欲使勞資協調，則解決勞方與資方二者對於生產應各得之正當利益，實為根本之問題。而實際解決此問題之路徑，則為本編開首所提示之兩大關鍵。苟勞力而非商品，乃人類生活之努力，而資本乃商品，為貿易之目的物，為死物；則生產部份之應屬於勞力（腦力與膂力）者，必為由生產總利益除去給予資本公平利潤之盈餘。此生產利益之盈餘，應歸於腦力之勞工與膂力之勞工，即管理機關與全部勞工。蓋資本實乃藉其力而繼長增高，生產亦由是而日以昌大故也。

·類似合夥制度·

吾人所主張之原理，藉以爲分配產業利益於勞資間之標準者，實與舊日合夥制度所沿用者，無大區別．譬甲乙二人，合股經營某一製造事業，各人出資之多寡，雖有不同，然二者均以其全部時間從事於業務，則無或異，依舊日慣例，合夥者必先設一常備的暫支賬(Dra-wing Account)，以爲日常生活度支之計算．至年終結算，除以相當利息或股息給予出資者外，所餘盈餘，概平分於甲乙二人，以爲其合夥之利益．換言之，即彼輩主張死物之資本，應依照投資額之多寡，得享受相當利潤．至所餘之盈餘，則盡爲彼輩勞力之結果也．

·勞力非機械·

在法律上，適用勞力非商品之原理，尚有一事應行闡明者，即勞力非機械是也．蓋在製造事業範圍，一機械之動作於工程過程中之一小部份，雖爲一極合理之現象，然在一大工業中局限一人類之一生於工作之一小部份，視之如一套繩器，一梳櫛器或一轉接器；經年累月，使爲同樣之工作，絕無進級於比較有重大責任及有優厚薪俸位置之希望，誠非合理．

此種待遇勞工之方法，不啻視之如機械；完全絕其人類向上之希望．勞働問題之糾紛，亦未始非其罪也．苟下級之勞工，對於其服務之事業，在一定期間內，有輾轉昇進之可能，則所謂「拙劣勞工」一種失望落魄之羣衆心理，必能消滅於無形，而得感覺享受人道之待遇，非如機械之繼續爲單調之穿孔或切斷之工作，終至於頹廢而被毀棄也．苟待遇勞工如機械，斷絕其進級之希望者，實不啻以印度階級制度之絕望，施之於產業國家，而以各個專門之手工，代替階級之名稱而已．

在一切大產業國家，法律應根據各項工作地位，對於其事業之價值，劃分爲若干等級．而此種等級，復與其工作地位之薪俸相應．遇有空額或遇營業擴張時，則令勞工循級遞昇，似亦不失爲救濟之一方法．

然而製造主任與管理專家，對於此種等級遞昇之方法，必加以反對．彼輩以爲工人之移動，實爲浪費金錢．蓋役使熟練之勞工，爲各種不同之工作，不特爲不經濟，而且徒招紛擾。反之，令勞工專於一事，則彼輩對於其工作，必日歸於精巧．此種論調，吾人可得而抨擊之曰，勞工苟乏於移動，必使一國聰明向上有望之青年，成爲昏聵無望不平之羣衆，對於桎梏彼輩終生於瑣屑勞役之政治組織及產業組織，當然急於破壞，是亦富國與福國之分也。

第七章　資本乃商品

·資本爲死物有一定之使用價値·

本書所用資本之名稱，乃專指資本自身而無包含何等運用之意。苟資本家對於其投資，加以運用者，則當名之曰運用資本，或管理機關，而列於勞工之數勞工之名稱，就本書之意義，則包括腦力勞工與膂力勞工二者而言。資本在此嚴格意義之下，誠爲一死物。其功用無論在任何事業均無或異。故資本在不同之事業上，所收穫不同之效果，非因其所投資本之性質有不同，實完全由資本以外之人力或自然力所致，無論任何資本，其自身既爲一同類之死物，故其使用價値，或爲利潤，或爲股息，不問事業之性質如何，槪相同也。

人力之成分，致死物之資本發生不同之效果者，（除投資之判斷力當於下節述之）實因於管理機關運用資本能力之不同，及勞工技巧與努力之不同。是以資本所應享受者，祇爲一相當及有限制之利潤。至生產利益之盈餘，則應歸諸管理機關與勞工全體。

主要之自然力或物質力之成分，致資本在市面發生價格之變動者，厥爲投資之危險性，及需要與供給之關係。產業界藉借款或發行債劵之手段，獲得資本時，市面對於資本之價格，每以此項自然力之成分如何爲斷。然關於資本所應享公平之利潤，即加以此項變動成分之考量，仍可得一決斷之方法，當於下章述之。

・利率不同之原因。

吾人今試更詳究企業利益之變動，爲人力成分所左右者。其第一件，當爲投資家之判斷力。譬有某甲投資家，缺乏判斷力，選擇一下劣之煤礦，經營採煤事業。而某乙投資家，有判斷力，獲得優美之煤田。則甲對於其投資所得之利潤，（其他事物斷定爲相等時，）必少於乙所得之利潤。如某甲者，可謂不善用投資之判斷力。譬又有某甲金融家，劃定一鐵道線於工程困難之地帶，及運輸營業無大希望之區域。而某乙金融家，用優越之判斷力，先事研究山川之形勢，與夫將來商務交通之趨向，而後定之。則甲金融家所投之資本，當然不能如乙金融家所投之資本之爲有利。或譬又有某甲經營地產家，以拙劣之判斷力，選擇地基，爲擴充商埠之用，投下資本開闢不需要之馬路及其他改良工事。而某乙經營地產家，用精明之判斷力，審度地方開發之情形，而後選擇地基。則甲經營地產家投資所獲之利益，當然不及乙經營地產家所獲之利益。凡此種種及與有同類投資利益之不同，概視乎投資判斷力之不同而有異也。

今進一步言，卽使甲乙兩煤礦，其天然力同屬相等。然而兩煤礦公司之獲利，仍不能無異者，則完全因於彼此管理機關能力之不同也。又甲乙兩路線，建於地形與運輸營業同屬相當之地位。而投資所獲之利潤，仍大相逕庭者，則以一方經營得當，而他方經營失當也。推而至於甲乙兩地產家，縱雙方均以敏銳之眼光，選擇同等之地基。然而在經營上，一方建築引人入勝之房屋，或以敏捷之手腕，尋獲主顧，或設置便利之運輸機關，組織優良之學校或社交設備等；而他方則否。當然此方投資所獲之利益，必勝於彼方投資所獲之利益。其所以然者，實經營手腕不同有以致之也。

今更有兩投資家，卽使以同等明敏之判斷力，選擇適宜地點，建築織造工場；而同時兩工場，復有同等優良之管理方法．苟甲工場之勞工，勤勉忠誠，節省原料，造出高級之製品而乙工場之勞工，頑劣虛僞，消耗原料，造出多量之次貨．則甲工場所獲之利益，必遠勝於乙工場所獲之利益．其所以然者，實勞工優劣之有不同也．又兩投資家建築房屋，縱雙方均以敏銳之眼光，選擇同等之地點，及同樣之圖式；而雙方之承造人，復有同等之技能，苟一方之勞工，能於合作精神之中，節省時間，節省氣力，以誠意與技巧湊合各項建築工作．而他方之勞工，離其職守，怠於工作，或妨害他部份之工作，或湊合工作拙劣，更須拆開或改變，以待裝置水管或電線之工事等．誠如是，則兩建築物之租金雖同，而建築費則或至不類，固彰彰明甚．是以兩投資家，對於投資所獲利益之又不同，實完全由於勞工技能與誠意之不同所致也．

上述種種資本所獲利潤之差異，對於同類的死的資本之性質，毫無關係．蓋其在種種事業上之作用，無或少異，因是其利潤亦應歸於一致，不能以他事物之變動而爲轉移也．

．工資超越於利潤之優先權．

人類因欲達三種目的而經營企業，一爲供給消費者之需要，二爲維持承辦者經營者及他項勞工之生活，三爲營謀投下資本之利潤。第一種目的，乃資本與勞力二者，對於公衆之關係，與茲所欲論無直接之要義。然可略述者，據一般之觀察，苟予供給方面以自由競爭之機會，而予消費者以自由購買之權利，則公衆對於勞資以剝奪其利益爲目的之不當結合，當然得以對抗而保護其利益。在許多自然或法定之獨占事業，如公用事業鐵道事業等，論者以謂苟允許獨占事業之政府，釐訂適當之法規，限制獨占之經營，則消費者仍得以相當之價値取得其需要。

企業之第二種目的，卽維持所有一切直接被傭於企業者生活之目的，對於第三種之目的，卽支付利潤於資本之目的，實立於優先之地位。蓋投資者，無論用腦力或用膂力，當然與其他勞工有同等之機會，實行工作，藉以維持其生活。則彼輩所獲資本之利潤，不過爲超越彼輩工作所獲生活以外之過份收入。然而工資對於非投資者之勞工，乃彼輩維持生活唯一之收入。因是分配超過資本生產費以外之總收入於勞工與資本之標準，應根據支付公平利潤於資本之後，盈餘概歸勞工之原理，而非根據以工資之形式支付微末生活費於勞工之後，盈餘概歸資本之原理。

換言之，資本應視爲商品因其使用而付以一定之租費。勞力則不得視爲商品，勞工應視爲有生命之人類。彼輩之生活費，重要於投資者過份之收入。簡捷言之，勞工之生活，必先於利潤之金錢。今引法律名辭以爲譬喻之解釋，今之資本，在分配資本生產費以外之盈餘，其地位猶「遺產承繼人，」而勞工則若商品，以最低核定之價格購入而撥歸生產成本之計算；一如消耗於製造之其他原料。吾人苟欲達到勞資協調之眞正目的，應有倒置此方法之必要；視資本爲商品，每年以適當之租費而取得之，勞工則視爲「遺產承繼人，」產業之盈餘概歸享受此之所謂勞工，乃包括腦力勞工與膂力勞工而言。

·限制利潤之原理·

對於解決產業糾紛問題，吾人實際應用兩大關鍵（第一卽勞力非商品第二卽資本乃商品）以後，當可發見一普遍之法則。卽對於一切投入產業界死物資本（資本而無運用之力者）之利潤，應有一定之限制。其餘產業之盈餘，則應歸諸勞工，卽管理者與勞力者。

蓋彼輩爲有生命之人類，以腦力或膂力奮鬬犧牲其全部之時間，藉以促事業之成功者也。

適用此普遍法則之方法，即斷定以何者爲各項產業之公平利潤率，及因於產業界及財政狀況之不同，應如何形成其必要之變動，當於下章論之。

第八章　資本所得公平之利潤

何者爲資本所得公平之利潤？吾人對於分配產業利益於勞資之間，苟欲尋求一實用及公平之方法，必須切記前述生產之四大原素：即死物之資本、投資之判斷力、管理機關及勞工，而分別加以研究。今姑略投資之判斷力一項，俟於章末論述外，吾人得併合管理機關與勞工二者，視之如勞工之分爲腦力勞動與膂力勞動兩部。吾人苟能發見一顯明與實用之方法，俾可依據以定產業利益何者應屬於資本所享有之部份，則其餘利益在此廣義言之，當然爲代表勞工所享有之部份，其理甚明。苟除却使用資本所付給正當之租費或利潤外，勞工如接受產業利益之全部者，則勞工直可謂享有其生產之全部；即其努力所獲得社交價值之全部是也。

·有彈性之利率·

在決定產業利益之何部份爲代表資本公平之利潤，吾人首當注意者，即資本在一切產業界，無論爲製造皮鞋或傢具或紡織或鋼鐵，其使用價值雖無或異，然而因於產業與時期之不同，則投資危險與供給需要兩原素，不能無變動。投資危險旣爲有變動之原素，則不能不以有彈性之危險保險率爲之保障。苟不然者，則羣衆所需要之資本，以之運用於危險性比較一般爲重大之產業界，必不能獲得充分之數量，以竟其功。卽資本之利潤率，亦不得不因資本供給與需要之變動而有差異。職是之故，對於投入產業界資本所應得公平之利潤，無論在任何時期或在任何產業，絕不能律以一定不易之利率，固彰彰明甚者也。

準是，所謂資本公平之利潤，必爲有變動之利潤。猶之各項產業，在不同時期發行債劵所獲公平之利率，爲有變動之利率。在經濟界，對於特殊產業，在特別時期所發行特種之債劵，斷定何者爲其公平利率之原理，卽爲對於特殊產業，在特別時期所投下資本斷定何者爲其公平利潤，爲同一之原理。

此原理，就廣義言之，苟在一特殊產業，在一特別時期，對於社會之需要，能集中充分之投資以應付之者，此投資所獲之利潤，卽爲公平之利潤。苟利潤引起過量之遊資，以求投資於某事業者，此利潤即爲過份之利潤。苟利潤之力，在或種產業及在或種時期不能集中充分之遊資，以應投資之需要者，此利潤即爲過薄之利潤。

然反對此論調者，必謂此種原理，對於斷定資本公平之利潤，失於廣汎，而無實用之價值，誠不能以之應用於現代之產業界，不過爲學術上哲理上之一種公平利潤，對於本章開始所欲解決之問題，殆愈去而愈遠耳。

·債券之利率·

雖然，實際言之，在金融市場，此項原理，對於利率之調節及釐定，不特爲適於實用，且爲一富有彈性及極受感應之法則。在債券市場之國家地方及市府，其所發行之債券，常以相差極微之利率，流通市面。在遊資比較充實之經濟國家，其能以吸收借款之利率，往往定爲百份一之一成以內。又在股票市場，投資銀行家，對於任何大公司所發行之優先股，能預先評定其必要最低限度之收益，以決其股票之終爲投資者所吸收。至若各個企業危險性之大小，亦均能一一下以精確之評定。故投資銀行家，曉然於素有根柢穩健之企業，比之新設立或一時興起之企業，縱收益稍微，尤能獲金融之援助也。

・債券與優先股收益等差之定率・

今更進一步，論究解決何者爲資本公平利潤之問題。吾人當注意者，卽在同一企業，以收益等差之定率，同時得以發行債券之方法及發行優先股之方法，吸收資本是也。在紐約股票公開市場，設有某優先股之收益，一般投資家視爲該優先股之公平利率者，殆爲超過由同一企業所發行債券收益之百分之一至百分之一有半。

試舉例以證明之，美國煉糖公司(American Sugar Refining Company)債券之利率，市價約爲百分之五有八。而該公司優先股之利率，則約爲百分之六有九。其等差爲百分之一有一。美國煉鐵公司（American Smelting and Refining Company）債券之利率，約爲百分之五。而該公司優先股之利率，則約爲百分之六。其等差爲百分之一。合衆國鋼鐵公司（United States Steel Corporation）債券之利率，約爲百分之四有七。而該公司優先股之利率，則約爲百分之五有六。其等差爲千分之九。伯利恆鋼鐵公司（Bethlehem

Steel Corporation）各種債券之利率，平均約爲百分之五有六．而該公司優先股之利率，則約爲百分之六有八．其等差爲百分之一有二．國際紙料公司（The International Paper Company）各種債券之利率，平均約爲百分之五有七．而該公司優先股之利率，則約爲百分之七有二．其等差爲百分之一有半．

爲上項各種利率所根據之市價，雖每日不能無變動，然其變動之程度，比之上述之百分比例爲尤小．若以同一企業債券利率與其優先股利率之變動觀之（債券與優先股之利率大概同時變動），則其等差甚微．故實際言之，吾人可下一斷語曰苟一公司發行優先股，而定其利率超過於該公司債券平均利率百分之一至百分之一有半者，則必能爲市場所吸收．蓋一般投資家，承認此利率爲優先股資本所獲公平之利潤故也．

超過債券平均利率百分之二至百分之二有半爲普通股公平之利潤．

吾人苟應用前章末節所述限制利潤之原理於產業界一切之資本，其結果必致視所有資本如今日之優先股．換言之，卽一切資本雖得享受優先及累積之利潤，然其利率，則有限制。除此之外，所餘產業之利益，則完全歸諸廣義的勞工。此項實際工作人員，卽管理機關及勞工，完全佔有今日普通股股東之地位。彼輩所享受者（除彼輩之暫支賬或初步工資以外），卽爲對於資本所支付優先而有限制之利潤以外之一切利益。依此方法，無論在任何產業，苟資本之利潤超過同一產業所發行債券平均利率百分之二至百分之二有半者，卽爲資本所得公平之利潤。

債券之平均收益，每年得由政府機關決定，或取決於合衆國商務部（著者就美國立論）或其他合法機關，則該年度資本所應得之利潤，卽可因而確定，由次年度股息支付之。誠如是，則年中債券收益之變動，卽能自動的決定該年資本公平利率之變動。苟國家能以此項方法，規定於法律之中，則必能確立一股息率。而此股息率，無論在任何時期，在每個產業界，必能吸收充分之資本，以應社會之需要，並能得一般投資家之認許。推其利益所及，則一般勞工，旣知資本所獲者，不過爲一公平之利潤，至產業利益一切之盈餘，則盡歸諸產生盈餘之勞工，故勞工對於產業利益之分配，當然與資本不致發生衝突也。

·限制利率之原理非新事實·

對於資本之利率，加以限制之原理，非一新事實。就現在美國而言，對於全國鐵路事業，此種限制，已規定於法律之中。即資本之投入於美國任何鐵路，其所得之公平利率，法律規定爲百分之五又四分之三。國家並授州際商務委員會（The Interstate Commerce Commission）以修訂鐵路運費之權，俾各鐵路公司，藉運費之修訂，平均得獲此法定之利率。又在各種公用事業，政府亦設爲種種規定，限制其對於公衆所取之費用，俾投資所獲之利率，不過爲一公平之利率而已。

雖然，鐵路公用等事業與自由競爭企業之間，亦固自有其不同之點。前者之性質，大概爲政府機關所認許之獨占事業。既爲獨占事業，當然不能令其向公衆榨取不當之利益，以爲分配額外股息之地步。故在此種情形，限制利率，乃所以保障消費者之利權。至於自由競爭與無限制之事業，苟生產者間，持續其充分之自由競爭，而消費者，亦有充分之自由任意購買，或視任何生產者之價格過高，而不予以購買，則消費者當然可以自保其利權。是以在自由競爭企業限制利率之理由，實甚因於保護勞工之利權，俾若輩得確實享受勞力所獲之效果，即其服務社會所應得之充分社交價值，在一方面言之，消費者之利益在法律上對於利率，既需要適當之限制，以資保護。則在他方面言之，勞工之利益，在法律上對於利率，亦何獨不需要適當之限制，以資保護乎。

不寧唯是，即鐵路及公用事業從業員工資率之標準，亦大抵根據於自由競爭事業同種工作之工資率以爲準繩。誠如是，苟法律對於從事於自由競爭事業之勞工，加以保護，使資本不得獲取過分之生產利益，亦即所以保護從事於獨占事業之勞工也。

·投資危險之原素與資本之供給量·

吾人在下一定律，斷定無論在任何企業，其資本公平之利潤，爲超過該企業債券平均利率百分之二至百分之二有半之時，於此有須注意者，即此項富有彈性及發生變化之資本利潤，對於投資危險之輕重與資本供給需要之多寡，實保有充分之緩衝性。故無論在任何企業，苟其遺傳的危險，超越於尋常者，當其發行新債券時，必須提高債券之利息，使舊債券在市面跌價，俾與新債券得獲同等之收益。同時自動的對於該企業利潤，即得爲公平及適法的提高，以利資本。誠如是，則一國投資者總體之觀察，斷定何者爲各個企業債券之公平收益，同時全經濟界總體之觀察，亦即得斷定各個企業所投資本之適法利潤也。

於此有一疑問焉，即根據此項定律，每年由政府機關釐定資本之利潤，是否能吸收充分之資本，以應各個企業之需要是也。今欲解決此疑問，必先尋究債券收益與股票收益等差之百分之二或百分之二・五，是否即爲股票投資危險超過債券投資危險之相當限度。根據經驗所得，苟此限度應行提高，或此限度已過高，不能保債券資源與股票資源之平衡者，當然可藉法律以爲矯正。猶之鐵路投資收益之百分之五又四分之三之股息率，苟有必要，亦得隨時修正也。

無論在任何時期，冀望投資資本之盈虛，亦得藉此富有彈性之利率以資調節。至其必要之變動，則仍得隨投資者總體所斷定之債券收益，以爲轉移耳。

・投資判斷力之報酬・

吾人苟欲應用以法律限定一切資本之利潤，爲一公平的且爲累積的利潤之原理，如優先股所享受者，則必發見三項困難之問題。此三項困難之問題爲何？即如何解決投資判斷力、發明，與空頭股票是也。本章開始，曾述及生產之四大原素：即死的資本、投資判斷力、管理機關及勞工。在研究分配生產利益於資本與勞力（包含管理機關及勞工），投資判斷力雖未論及，然投資家之判斷力，對於事業之成功，當爲一極重大之要素，固毫無疑義。蓋判斷之當否，或投資而獲油井，或投資而獲地窟。又或因判斷得當，其企業適居於原料供給原動力運輸及市場之中心。反是，則判斷失當者，無論在任何方面，均受打擊而歸於失敗故也。

誠如是，則在吾人所述限制資本利潤制度之下，凡有卓越投資之判斷力，又將從何而獲相當之報酬耶？考在自由金融市場投資判斷力之獲得報酬，厥有兩端。苟非享受比較優厚之利潤，即享受更大之保障及利益之存續。然最大多數及最精明之投資家，大抵寧取投資之穩固及利益之存續，而不取利益之優厚。故債劵之收入，雖少於股份，彼輩寧取前者，而不取後者。彼輩以爲卓越投資之判斷力，當以獲得更大之保障，爲達到充分報酬之目的。此種報酬投資判斷力之方法，與平等及仁愛的待遇勞工，互相輝映。蓋依上面所述，資本家既由其腦力獲取收益，或如其他非資本家之勞工，由其膂力而獲取收益，則由其腦力所獲取之資本收益，當然爲額外之收益，實乃超越於生活需要之上。反之，勞工既非資本家，則其所獲之工資，當然構成其生活唯一之需要。故本於仁愛之精神，此種報酬之方法，誠爲合理之方法也。

然持反對之論者，必曰資本之所有者，孤兒寡婦不在少數，彼輩除投資收益之外，實無能力獲取額外之收入，以維其生計也。不知此種有資產之孤兒寡婦，縱使不拒絕工作，即謂實不能工作，然彼輩之地位，絕不能與能工作實行工作以獲取生活之勞工相提並論，應與勞工之孤兒寡婦適處於同等之地位者爲比例，方爲切當。抑進一步言之，即使卓越投資之判斷力，應享受更優厚之報酬，而非更偉大之保障。而茲之所謂卓越投資之判斷力，則亦絕非孤兒寡婦之投資判斷力，固無俟贅言者也。

本章所述有限制而有累積之資本利潤，足以保證資本獲取更大之保障者，實由於勞工之努力。蓋生產之利益，除有限制之利潤外，既盡歸勞工，故彼輩對於生產事業，益加奮發，從事生產，謀更大之利益。其結果，適爲投資家造成今日所不能夢想之利潤存續之更大保障。換言之，卽勞工因努力增進一己之利益，遂間接而增加資本安全及利潤存續之保障。是以此項更大之保障，卽爲對於卓越投資判斷力公平合理之報酬方法也。

·發明之待遇·

今試論究設有大貢獻於人類之發明，其發明家經多年之苦心研究及糜費莫大之金錢，方始成功者，又將如何以爲報酬耶？苟發明家已達至建設工廠，生產其發明品以供世用之地步，吾人亦祇許其獲取對於工廠投資之普通利益耶？吾人對於發明，苟設爲利潤之限制，豈非破壞研究而妨害發明耶？誠然，是以吾人在本章設定利潤之限制，對於根據發明或科學發見所建設之企業，誠不能不設爲例外也。

近世開明國家，對於發明所採用之制度，吾人得認其爲決定此項企業公平利潤之正當方法。蓋政府對於發明家或其代理人，特許以專賣權若干年。發明家投資在此專賣期間所獲之優厚利益，是卽對於發明家賦予全國或全人類永久恩惠之正當報酬。

在吾人提倡限制利潤制度之下，此種專賣權之期限，應爲五年。在此期間，企業之成立於發明或發見者，對於其利潤率，不加以任何限制。俟經過專賣期限以後，該企業應重行評定發明之價值。再根據此種企業普通利潤之標準，而化該企業平均收益爲資本。準是，發明之價值，既評定而化爲具體之資本，則該企業之收益，根據限制利潤制度之法，亦當然與他種企業，應受同等之限制也。

·空頭股份·

雖然，以法律許可收益化爲資本，祇可限於根據發明之企業。蓋發明猶未成功前所靡費之時間努力與金錢，誠有享受此項特別待遇之權利。而賦予此項化收益爲資本之待遇，於該企業之管理機關及勞工，亦無斷損。至其他企業，以收益能力化爲資本者，在經濟界，常被鄙視爲「空頭股份」。

Watered Stock（或譯作攙水股見潘序倫博士編公司會計學）此種資本化之行

爲，法律應予以嚴禁者也。

考發行此種虛構股份之動機，乃欲藉以欺瞞消費者及勞工，苟一偉大之公司，每年正式宣告一百分之股息率，則消費者必將羣起攻擊其榨取昂值，而公司之勞工，亦必將聯袂要求加薪，職是之故，資本家苟欲欺瞞此二者，其勢不得不採取此種不正之手段，發行虛構之股份；其值乃超過實際投資之二十倍，使消費者與勞工，均坦然於公司之不過獲取週年五釐之股息，而毫不介意。資本家於是遂得達其一矢貫雙鵰之慾望；一方面自公衆榨取昂值，他方面則保留本於管理機關之才幹與勞工之努力所獲得超過普通股息以外之一切溢利，以爲己有。縱消費者得於自由競爭市場，保障自己利益，然而此項溢利，實應歸諸勞工，即實際從事於管理與經營者，蓋彼輩乃產生溢利者也。

上面所述空頭股份之例，殊非過言。採取此種手段者，實大有其人。近更有資本家，發明一種更精徽而冠冕堂皇之欺騙，出現於所謂「無票面價值」之股份。此項股份，有時代表實際投資之價值，不過一元。苟勞工與公衆發見公司對於每股「無票面價值」股份所獲之收益爲一元，當然視此收益爲輕易適度．殊不知實際上其投資實已獲得百分之利益矣此種資本之非法行爲．在若干企業中早已被認識，而爲法律所遏抑．在銀行業，除實際現金之外，無論任何物品，均不得作爲資本．即現金投資，亦須經銀行管理局(Banking Department)之證明，方可發行股票．至於公用事業亦然，如欲增加資本，必須有實際之額外資產，經代表公衆利益之公用事業委員會(The Public Service Commission)之證明，始生效力．又如現今美國鐵路之資本賬，亦受制於州際商務委員會(The Interstate Commerce Commission)嚴厲之監督與制裁，資本家已不能如前此之任意濫發股份矣．

此種資本之節制方法，應以法律頒行於其他企業之中，俾一般勞工，對於實際資本，猶未獲得超過公平利潤以外之任何溢利之前，不致爲虛構之巨大資本役使於獲取再度之股息也．

在近代企業中，縱使資本賬有已爲法律所制裁，然而超過公平股息以外之溢利，則仍歸納於盈餘積項，而爲資本家所獨享．此項盈餘，法律得許可化爲資本，按股分配於舊股東．

此種行爲，是爲欺騙勞工。蓋彼輩實爲產生溢利之人，故溢利應歸勞工所獨享。然而資本家不惟不以溢利歸諸應享受者之勞工，反令其對於由溢利化成之資本上，更產生重複之溢利，有是理乎！

吾人苟欲設立一政府機關，稽核股份之發行，藉以證明股份是否眞能代表實際現金之投資者，在新創之企業，誠爲比較容易之舉。然在已成立之企業，如欲在眞實資本價值之上，尋求一公平之利潤，則吾人勢不能不採用如美國評定鐵路眞實資本價值之方法；即實物檢查之方法。在限制資本利潤制度之下，無論何時，苟勞資之間，對於企業資本價值之眞實性，發生異議時，應以法律規定，遇有一定限多數勞工之請求，政府機關得依實物檢查之方法，評定資產之價值，俾得發見股份之眞相焉。

第九章　盈餘應歸勞力

根據前章之說，吾人旣明悉資本乃商品，則其所應享受者，不過爲對於使用資本所給付之公平利率及各個產業危險性所賦予之附帶利益而止。準是以言，則凡屬產業之盈餘，除對於資本所給付有限制而有累積之股息外，應歸諸勞力所享受。蓋勞力非商品，乃人類生存之努力。彼輩旣非投資者，此生存之努力，卽彼輩獲得生活唯一之手段。玆之所稱勞力，在廣義言之，當然包括腦力與膂力也。

·盈餘應根據薪俸或工資爲分配之標準·

處分每年盈餘之方法，簡單言之，恰如近世合夥制度之股友，於每年年結時，處分其當年之利益者，如出一轍。彼輩乃由各人之暫支賬上，支付適度之費用後，再由其所獲利益中，減去一定之利息以付資本，此利息乃按照各人之出資額而分配之。除此以外，所有超過資本生產費以上之利益，（資本生產費卽年中因製造工程所消費或消耗之一切原料機械工具建築物等之價值）即爲彼輩營業之純益。此項純益，於結算後，或按股分配於股友，或按股加入於投資。

營業之盈餘總額，應歸諸勞工全體所享受者，既已決定。則第二步問題，即爲此盈餘之總額，究以如何方法公平分配於各個勞工是也。分配於各個勞工之多寡，應以各個勞工對於獲得盈餘所費努力之多寡爲比例。換言之，即以各個勞工對於營業所貢獻價值之多寡爲比例。誠如是，則權衡各個勞工對於營業所貢獻價值之成分，其最適於自然及最近於實際之標準，厥爲各個勞工所獲之薪俸或工資。由是觀之，超過公平股息以上之盈餘，應按各個腦力勞工與膂力勞工就薪工總額所獲薪俸或工資之多寡以爲分配之標準。

依此分配方法，則營業所獲之純益，除給付資本以公平之利潤外，概歸諸從業勞工之總體。亦即爲賦予勞工總體以其努力獲得之總價值；即其社交之總價值。又依此方法，按各個勞工薪俸或工資之多寡以爲標準，而分配盈餘；亦即爲對於各個勞工社交價值所賦予最切近之報酬也。

•何人應負擔營業損失•

關於各種反對吾人所提議勞資協調計劃之論調，雖得於說明全體計劃之後，保留於另章批評。然於此有一反對之論調，苟保留至最後而始下以評語，則讀者或不免發生誤會，而致失却當前討論問題眞確之要旨。此論調爲何，即謂根據吾人之計劃，除給付資本以相當之利潤外，一切盈餘，概歸勞工；至營業無利益之時，損失則概歸資本，誠屬不當。蓋勞工既享受產業之利益，則同時亦應負擔產業之損失。然以勞工一無所有，既不能負擔損失，是以彼輩亦無享受利益之權利。

不知根據此項計劃，勞工實亦負擔損失。蓋吾人所當注意者，即股息雖有一定之限制，而此有限制之股息，實爲累積的。股息苟於任何一年之中，無利可獲，則該年度所積欠之股息，必須清償，而後勞工始有享受盈餘之希望。不寧唯是，即如設立一相當之公積金，藉以保證股息之存續一事，在營業方針之穩固言之，亦應爲勞資雙方所贊同。近時有若干公司，其普通股之股東，必先設立一盈餘積項，以爲保證優先股股息存續之準備，然後方可對於普通股，宣告分派股息。依此方法，苟勞工處於普通股股東之地位，而成爲盈餘之遺產承繼人，則所有資本亦即當視爲優先股，而享有優先之權利也。

由是觀之，苟公司連年營業失敗，無法可以分派各該年度有限制之股息時，則公司對於工資率，即有加以修正之必要。猶之現今合夥制度股東之暫支賬，或有限公司資本之組織，在同一情形時，亦有修正之必要也。關於此點，當於反對論章內重申論之。

·管理機關所得之限制·

吾人苟欲應用上述分配盈餘之方法，即除以公平之股息給予資本外，所餘產業之純益，概歸勞工；即按腦力勞工與膂力勞工各人所受薪俸或工資之多寡，以爲分配之標準者，於此不能不設一重要之例外。此例外爲何，即假使勞工視產業利益之分配爲公平，因而獲得勞資永久協調之基礎，則對於管理機關所享受之利益總額（包含薪俸與盈餘之分配），不能不予以一公平之限制是也。此限制之爲必要，實具有兩大理由：第一，則投資者每每爲實際經營事業之人，依現行處理公司財政之方法，此種資本家得因其職務立於經營者之地位，頗能運用權力，給予自身以優厚之薪俸。唯其如是，縱使盈餘充實，亦將被吸收以盡。此種財政之濫支，在今日可謂數見不鮮。蓋藉此謀避免世人注意於其股息之過大耳。其次，則經營事業之經理所受薪俸，必優越於勞工之工資。故對於額外分潤之需要，大不如勞工之痛感。卽就人道主義立言，此輩享有高級薪俸之執行機關人員，對於超過法定股息率以外之盈餘，實不應再收受大部份之利益。非然者，則少數厚擁巨貲，而其他多數則幾不獲一飽。縱或可以富國，實非所以福國也。

吾人苟欲尋出一正當方法，藉以限制執行機關獲利之總額，則在資本家之投資與若號爲經理而服務之二者之間，不可不定一明確之界線。設資本與服務完全分離。換言之，卽企業之所有者，完全因辦事之才幹，而聘用執行人員；而此輩執行人員，又無投資於公司，卽有投資，亦不過爲比較極微小一部份。誠如是，執行機關之獲益，自應根據需要與供給之原則，以自由競爭爲依歸。因在此情形之下，資本家對於吸引有相當能力經驗之辦事人才，實無支給過大薪俸之必要也。

然而多數企業，其執行機關人員，大概同時爲大股東，或過半數之股東。在此情形之下，彼輩得以其表決權，決定其自身之薪俸。今欲於一公平之數量，限制此種執行機關人員之獲益，不能不採用兩種方法：其一，卽比對非投資者，在同等地位執行機關人員之薪俸，以爲限制彼輩薪俸之標準。其次，卽確定營業總利益百分之幾，譬如百分之十，爲執行機關最大收入之標準。後者之方法，比較確實，而便於法律之應用。惟依此方法，小公司或不能予執行機關以充分之收入，藉以招致必要之人才。而在大公司，則執行機關之獲益，又恐失之於過鉅。故仍以前者之標準，較爲有彈性而近乎學理。然而官廳如欲應用之，恐不免感覺多大之困難耳。

在近世大企業中，資本與執行機關，大抵爲同一之人羣所操縱。勞工組織，遂視執行機關等於資本。故對於執行機關人員，獲得優厚之薪俸，當然表示不滿。勞工對於經營大企業所需要之高級技能，猶未加以充分之認識。此種高級技能，不特於生產方面有所需要，卽於營業方面及運用財政方面，亦莫不需要。是故勞工，苟能將企業投資與企業經營兩方面

（縱或二者共爲同一之人羣所操縱），加以研究，詳爲分析，以投資爲資本，而以經營爲勞力。誠如是，則對於促進勞資協調之問題，不無少補耳。蓋執行機關大量之收入，實爲勞力之收穫，而非資本之利潤。此項腦力之收穫，應與死資本之利潤，顯然有別。因資本須視其在市場供給之狀況，而限制其利潤也。

第十章　勞工所得之多寡以自由競爭爲標準

以上各章所述，分配生產利益於勞資之方法，對於資本，得予以一公平而有限制之利潤。此公平而有限制之利潤，則更視各個股東投資之多寡，以爲分配。同時對於一企業勞工全體之勞力，亦得予以充分社交之價值。然而此種方法，對於各個勞工所應享受之比較數量，仍未由規定也。在近世大規模產業界，被僱之勞工，技巧不同，經驗各異。究以何者爲其各個工作之比較價值，又以何者爲各個勞工所應獲得公平之比較工資，是誠一疑問。蓋近世產業界，組織非常複雜，對於形成商品一個單位之物件，如鐵路之機關車，或航海之輪船，幾有數千百人供給各項不同之勞力於此。而欲尋求各個部份工作之比較工值，及各個勞工所應得之比較工資，誠難事也。

· 暫支賬與最後收益之區別 ·

吾人苟欲解決此疑問，必須對於前章所述勞工初步之工資，卽暫支賬，與其最後之收益，即全部之工資，二者不同之點，有一正確之認識。蓋其根本原理，實與合夥營業股東之分配收益，毫無區別。合夥營業股東，經營事業之總收益，與其投資所得之利潤不同，因總收益，乃包括年中由暫支賬取用之款項，及投資額定利潤以外之盈餘故也。

吾人既明晰此二者不同之點，則被雇於某種企業之各個勞工，苟其初步之工資，既經確定，則年終分配盈餘，當可自動的決定各個勞工所得之分量。依照通例，各個勞工對於分配盈餘之比例，應以各個勞工之薪俸或工資爲標準。

·工資定額之多寡以勞工自由選擇爲標準·

由是觀之，此問題愈趨狹隘，而至於何者爲決定各個不同工作工資最善之方法。（此處即所謂暫支賬）而此工資決定之方法，又爲勞工共認爲公平。此方法爲何，即一任勞工自由選擇其願爲之工作，願在之場所而工作，及願受其工作之境遇是也。

在決定工資之定額，於此有若干事實，須加以研究者，即在勞工心目中，對於各種工作，究應獲得若干工資，方爲公平是也。蓋工作有笨重者，有輕易者，有安適之環境者，有不適之環境者，有興趣者，有無味者，有爲榮譽之職業者，有爲下賤之職事者，有有加薪升級之希望者，有無加薪升級之希望者，又或種工作，在社會一般心理，視爲鄙夷邪僻者。凡此種種情形，附隨於各個工作，而形成其特有之環境。則對於不同之人羣，自不能不發生異樣之觀感。是以雖同一工作，有願以低級薪俸而接受者，有給予更高之薪俸而亦不願接受者。蓋每一勞工之心理與態度，對於各種工作，自有其個人評定之價值，與其他勞工之見解，絕不相同。職此之故，苟欲各個勞工，對於其自身工作之工資，比較其他工作之工資，視爲滿足，其唯一之方法，卽令勞工，有自由選擇其他任何工作，而自以爲比較現有工作，更爲優厚之一途。誠如是，則各個勞工之自決，遂成爲其自身工作價值，比較其他勞工工作價值之一種決定。故勞工對於各種不同之工作，以其個性之觀察及慾望，而評量工作之優劣者，是卽最後決定各種不同工作工資之關鍵也。

·科學的工資與自由競爭之比較·

用科學方式，雖能證明甲種工作，對於社會，比較乙種工作，多一倍之價值。因此，甲乙兩種工作之工資，爲二與一之比。然苟甲種工作，根據上述各種環境之任何一種，爲比較優越，而乙種工作，適得其反者，僱主欲吸引必要之勞工使從事乙種之工作，則不能不給予與甲種工作同等之工資，或須給予比甲種工作更爲優厚之工資。在他一方面言之，因勞工多數，願意投身於環境優越甲種之工作，故必互相競爭，抑價就範，以謀取得此工作。換言之，在近世極端複雜大工業之中，以數百種分業而構成一製造品之單位，縱或可以決定一完全科學化之工資。然此科學的工資，必瞬息而爲勞工競爭取得或種類工作或趨避或種類工作之意志所推翻。究其結果，所謂唯一之工資，能以博工業界全部勞工之歡心者，必爲各個勞工自由意志樂於選擇之工作所獲之工資，而爲勞工承認爲對於此項工作爲最優厚之報酬者耳。苟勞工對於自身工作之報酬，比較其他工作之報酬視爲不滿，則可自由選擇其他任何工作而自以爲可獲相當之報酬者。苟多數勞工，願意接受或種工作，彼輩必競抑其工資以赴之。反之，苟多數勞工不願接受或種工作，則僱主不能不抬高工資以引致之。直至需要與供給適得其平而後已。換言之，即直至勞工以爲各項工作之工資，互相比較，均達至公平之地位而後已。誠如是，則此項工資，可謂最近於科學化之一種工資。蓋此項工資，不特對於各個工作，得適應勞工相當之技能、經驗、努力與社交之價值，且亦爲勞工自身評定其爲公平者也。

·在暫支賬制度之下競爭不能壓低工資但可分配勞工於需要之地·

在一切企業中，以自由競爭而決定勞工之工資，更益以前述分配營業盈餘之規定，則自由競爭之結果，絕不能壓低工資至生活費最低限度以下。根據自由競爭之方法，對於勞工之總收益，絕無左右之可能。惟對於分配此項總收益於各個勞工，始發生多寡之關係耳。勞工之總收益，實卽爲營業收入，除却對於運用資本所支付相當利潤以外之總盈餘。因之，資本家不若在現代工資制度之下，有同一之觀念，一以竭其全力壓抑工資爲能事。蓋彼輩深知，無論如何，彼輩除獲得使用資本所享受之公平利潤以外，實一無所獲。苟壓低工資至非常低微，其結果亦不過於年終時，使勞工獲得更優厚之盈餘分配而已。是故超出資本定額利潤以外之一切利益，不論其形式爲初步暫支賬之工資，抑爲最後盈餘之分配，概歸勞工．其能實際使勞工之總收益發生變化者，則惟在企業總收益之變動．故資本家不能確定勞工最後之收益經營事業勞工之自身（包含管理機關與膂力之勞工），對於勞工最後所獲之總收益，實負有完全之責任．勞工之所享受，即爲勞工之所收穫．換言之，即彼輩在企業中所產生之利益，除却資本利潤以外，均爲所享受．在暫支賬工資制度之下，勞工僱用資本，而非資本僱用勞工．換言之，即有生命之人類，使役死物之資本，而給予相當之利潤，爲其報酬．由是觀之，自由競爭之初步工資，祇影響分配勞工於社會最需要之地，而對於企業全體勞工之總收益，實無壓低之虞也．

．法定最低生活工資之必要如何．

適用最低生活工資之原理，在法律上，爲一困難之問題，前已言之．而在暫支賬工資制度之下，比之在現代工資制度之下，勞工之需要此項保障，自亦不如是之迫切，至爲明顯．蓋在現代工資制度之下，僱主有權以極低微之工資，僱用一需要之勞工，除支付此極低微之工資以外，凡由此勞工之勞力所產生之利益，不論此利益之倍蓰若何，均歸僱主所享有．然在吾人所述之工資制度，僱主絕不能確定傭工最後之收益，僱主之所能確定者，不過爲各個勞工比對之工資。至確定勞工最後之收益，實乃繫於年終營業之利益。苟企業之經營，不能獲充分之利益，以維持其勞工，則此企業將不能與他業競爭，而保有其勞工。其結果將不免於召盤，或與經營較爲完善或更大之公司合併，俾能獲充分之利益，以維持勞工之工作。現代之營業，苟連年失敗，不能獲得最低之利潤者，其終結必至於歇業，或與成功之商家合併。勞工亦然，既代資本而爲產業之承繼人，則凡一企業，連年失敗，不克獲勞工之最低生活工資者，因勞工之分散，自必終於倒閉或合併於成功之企業。更就生活之標準而言，其變動性極鉅。個人生活之勞工與家族生活之勞工，其間各個最低生活之需要，既大不相同，而各個勞工工作之優劣，尤復大有差異。今强以法律而制定一共通之最低生活工資，是對於勞工，實無益而反有害。若就吾人所擬之工資制度言之，則此項保障勞工之方法，益爲不需要之事矣。

第十一章　勞工之查賬員

·積極的糾紛得化爲事實問題以供解決·

苟吾人承認前述兩項原理：即其一，「給予資本以公平而有限制之利潤，」其二，「一切盈餘按薪俸或工資之多寡分配於勞工，」爲分配產業利益於勞資間一公平之標準．則所餘金錢上之問題，足爲勞資間發生糾紛之原因者，不外爲事實之問題．其第一事實問題，則爲在任何一時期，究以何者爲資本公平之利潤是也．此項事實問題，已於第八章，根據世界金融市場對於運用資金給予利潤之方法，予以解答．其第二事實問題，則爲在一特定公司中，在一特定年度之收益，除支付資本之利潤外，究以何者爲實際之盈餘是也．此項事實問題，在本章及以次各章，吾人所欲解答者，即擬由法律規定在大企業之經營（僱員在百名以上者），予勞工以僱用合格查賬員之權．此項查賬員，一如資本家所僱用之查賬員，得自由行使職權，檢查公司之簿據文件等事．苟勞工之查賬員與僱主之查賬員對於會計問題，發生異議時，得雙方同意，請求公證會計師，為之公斷。並賦與雙方以保留之權，對於事實或法理問題，得向該管司法機關申訴。

・賬項公開為解除產業糾紛之一法・

在吾人所主張之工資制度，勞工最後之收益，既根據於企業之收益，而為勞工勞力之所構成，則勞工對於營業收入，當然有瞭解之必要。在此種制度之下，勞工之地位，有類於普通股之股東，而資本家之地位，則恰如優先股之股東或企業之債權人。

勞工對於營業之收入，苟有充分之瞭解，而此項收入，又為彼輩僱用及歸彼輩完全節制之查賬員所證明，則必能為解除產業糾紛關一途徑。蓋在普通之情形而言，勞工對於企業之成功，與乎勞工自身對於企業成功所得之分量，皆為莫可究詰之事。反之，苟勞工對於企業收入之情形，瞭如指掌，則其領袖，必能明晰究以何種工資支付勞工為當然，並為可能之事。而資本家自亦不敢分配過分之股息，而支付微薄之工資矣。

在現代工資制度之下，勞工之工資，雖有一定之限制，然盈餘則概歸資本。故資本家傳統之政策，以嚴守營業收入之祕密爲第一義．蓋恐勞工明瞭營業之總收益，必羣起要求加薪也．然根據吾人所主張之工資制度，資本家絕無嚴守祕密之必要．因資本之利潤，已有一定之限制也．不特此也，資本家反樂使勞工詳悉營業收入之狀況，因勞工固與資本家同欲觀營業收入之日臻偉大故也．營業收入愈大，則資本家利潤安全之限度亦愈大，同時除資本利潤以外，勞工分配盈餘之希望亦愈大．由是觀之，有組織勞工所主張之財政公開，卽澈底明瞭收益與工資之事，不特爲勞工所要求，抑亦爲資本家所冀望也．

·隱匿或流用之利益·

雖然，金融專家於此，或者以爲苟資本家欲謀打消勞工盈餘之分配，亦非至難之事．蓋彼輩可利用過分之折舊賬目，秘密公積，擴充營業範圍，投資於附屬公司或聯合公司等種種方法，以侵蝕公司之盈餘．其尤顯著者，則在公司以外，另立個人之商行，或供給本公司以原料，或代本公司販賣其製成品，而於價格之轉移間，亦不難吸盡公司盈餘之利益．

對於上述兩項困難，吾人得爲解答者，就隱匿利益之一說，苟以法律限制資本之利潤，而資本之增加，更須資本家爲現金之投資者，則資本家固無隱匿利益之希望。蓋盈餘之利益，旣屬於勞工而不屬於資本家，則資本家不願分散盈餘之利益，其動機乃在鞏固經營之事業與保障投資之利潤。故其目的，實與勞工之利益相容。勞工之查賬員，對於設立適宜之公積，藉以保障勞工職業之安定，維持工資之標準，及股息之定期支付，以免拖欠股息，而致勞工盈餘之分配，益感困難，此其動機之熱烈，與企望之關切，實亦不減於資本家之查賬員。由是觀之，凡此諸點，勞工之查賬員與資本之查賬員，彼此利益，毫無牴觸，猶之現代企業之普通股股東與優先股股東，彼此利益，亦毫無牴觸，因其利益實相同也。

就流用利益之一說，此種事實，與其他不正行爲相類，防範比較困難。蓋諸在現代社會，爲小股東者，廁身於公司之要職，集資在外，組織小公司，或供給其本公司以原料，或代其本公司販賣製造品，暗令其附屬之小公司，抬高價值，則其本公司之利益，除微薄之股息外，不難盡被吸收以去。然若實施吾人所擬之計劃，則此種竊取盈餘之手段，亦未嘗無相當防範之方法。苟法律嚴密規定一切公司投資之方法，一如現在實行於銀行或公用事業者，凡組織公司，其資本金，必須以現金爲限；並須由該管官廳加以證明。此外若更限制資本金之利潤，則資本家必不能以竊取之手段，使一公司而吸收他公司之利益以自肥。正爲防範此種不正之陰謀，所以在法律上，應有賦予勞工查賬員以稽核公司賬目全權之必要也。

• 勞工對於營業方針是否有發言權•

勞工對於營業方針，是否有發言權之問題，決非查核賬目之問題，而實際爲干涉營業方針之問題。今假定勞工有權干涉其公司之營業方針，則其干涉程度之如何，誠爲一足資研究之問題。今進行研究此問題之始，有一事不能不注意者，吾人對於所謂營業方針，即關於購買、販賣、工廠設備、財政等方針，與所謂勞工方針，即關於工資標準，工作時間，勞工待遇之方針，應有一明確之區別是也。

事業之抵於成功，雖爲勞資雙方同感關切，然確定營業方針（即純正之營業方針，非如前節所述之不正手段而妄稱爲營業方針者），應歸資本家之專責。蓋資本之所有權，（承繼之資本自當別論）足以證明所有者，對於市面情形及金融狀況，有長期之經驗，并有成功之手腕及勤儉之美德。凡此數端，對於保證事業之成功，均爲不可少之要件也。

若就他方面言之，在吾人所擬之工資制度之下，關於工作時間，工資等級，及勞工待遇等問題，應毫不吝嗇而賦予勞工以相當之發言權。今舉例以言之，苟勞工最後之所獲，完全決於營業之收入，則此輩勞工，必無如現代勞工所有之動機，一以要求最短限度之工作時間爲能事。反之，在每個企業之中，彼輩必視工作性質之輕重，而樂意在相當之時間內工作。蓋工作愈久（他事姑置不論），則獲益必愈多。故其工作之地位，實際上爲自身整個之利益而工作，而非如僱用人收受一固定之工資而工作。對於工作之待遇及環境亦然，苟彼輩瞭解金錢之消耗於安適之設備者愈多，則年終分配於彼輩之盈餘必愈少。故其要求安適之工作環境，亦必至適可而止，不致强事苛求。

至於工資之問題，在吾人所擬之制度言之，乃指勞工初期之暫支賬，即初步之工資。苟此問題完全由勞工自身解決，必將發生重大之困難。蓋勞工當然決定一優厚工資（初期之暫支賬）之標準。因其標準過高，不特年終無分配盈餘於勞工之希望，即吾人所擬對於資本賦予有限制而平允之利潤，亦將無從獲得矣。

職是之故，前章論述初期暫支賬之問題，曾主張應根據需要與供給自由競爭之原理以定各個勞力之報酬。然對於勞工最後之收益，則亦非僱主所能決定，而實決定於勞工所服務之企業每年度收益之能力。故不問初步工資之如何，其結果則除賦予資本以公平之利潤外，一切營業之盈餘，概歸勞工也。

雖然，苟吾人能適用一自動的調節方法，以爲增減工資之標準，則對於促進產業之協調，似亦不無效果。譬諸某年度企業之盈餘，如超過薪俸額（初步之工資）百分之二十時，則翌年可增加勞工暫支賬百分之五。反之，其年度之營業如不能獲得固定之股息時，則翌年可減少勞工暫支賬百分之五。此種方法，實有二重之效能：其一，則使利潤不能過優於工資，其次則法則既明定，又先期爲勞資雙方所公認，於必要時，得實施按步增減工資，而不致發生異議。當工資趨至非常低下之時，當然不能不停付利潤。其實際結果，凡一企業，既不能支給通行之工資，復不能獲取通行之利潤。則後之勞工，必相率趨避。如此企業，既不能招致必需之勞工，則亦惟有合併或出售於較優之企業而已。小生產者之被淘汰，在經濟界固屬一痛苦之問題，然若能採用此項所擬之方法，則凡因營業失敗而致倒閉之企業，其影響於勞工之痛苦，誠爲至微末之事云。

·暫支賬制度足以增進勞工投資之可能·

在暫支賬工資制度之下，吾人論究勞工對於營業方針及勞工方針，是否應有發言權之問題，於此有須注意者，卽在此工資制度之下，盈餘之歸於勞工者愈多，則增進勞工投資於企業之可能性亦愈大，蓋勞工在此制度之下，苟有幹練之領袖，及適當之組織，則於若干年內，當可於國內所有一切大企業中，獲得一掌握之實權。最後或覓能占有企業之全部。誠如是，則勞工不獨對於勞工方針有發言權，卽對於營業方針，亦莫不有發言權。此亦爲勞工同盟應努力達到之一目的也。

生產者之完全掌握及占有生產之機關，不採取任何形式之强制沒收手段，而惟根據於暫支賬工資制度之方式，分配產業盈餘於勞工，一本賢明之投資及幹練之領導，以達其目的，此誠非一爲期遼遠之幻想，後章所述暫支賬工資制度之利益，吾人將解剖美國若干大公司盈餘之分配狀態，以明勞工於若干年內得以投資之方法，而取得企業管理之全權也。

於次章未論述排解勞工查賬員與僱主查賬員異議之先，吾人於此有須注意者，因運用暫支賬工資制度之結果，勞工之投資於企業日益增多，於是勞資雙方查賬員之異議，亦將日益減少。蓋勞工因投資而陸續獲得企業之所有權，因之兩種不同之查賬員，亦逐漸而被僱於同一之人羣，而對同一之人羣負其責任故也。

第十二章　勞資糾紛之公斷及仲裁

在前數章內吾人曾闡明以論理之法則，分配產業之利益．誠與現代以勢力之法則，分配產業之利益者迥不相同．論理之法則，不特足爲公斷或仲裁勞資糾紛之一合理的基礎，而勞資雙方在現代工資制度之下所行之强制公斷，深爲世人所斷病者，亦得以免除矣．

·勞資之異議惟根據事實問題·

苟資本所獲一定之利率，每年由公選之行政當局裁定時，則此利率既非勞資任何一方所能左右，亦非每年裁定之行政當局所能轉移，所以節制之者，實爲金錢在世界金融市場所有之價值．是故勞資雙方得引爲問題者，苟非關係於企業年終之總利益，卽關係於價格遞減消耗或損失等等之公積．前者之問題，比較後者之問題尤關重要；乃屬事實之問題．而在今日工資制度之下，所引爲問題者，則實爲要求條件之問題耳．

吾人姑設一譬喩，以引證上述兩種異議不同之點．今設有二人，同居一室．苟二人所爭者，爲每人對於自己單獨占用之地位，應得若干。二人之中，任何一人，苟非犧牲其一部份之要求，則此項爭論將無所底止。反之，苟二人同意將地面分而爲二（譬如各得一半），今所爭者，將爲何謂地面之一半之問題。則此項爭論，若以尺度實地量之，雙方必得一滿足之解決。蓋前者爲希望與要求之爭，而後者爲事實之爭也。

·對於會計方法之異議·

雖然，即就後者事實之問題言之，猶有爲爭論之理由者。如密室或無用場所之地面，究亦應包含於被量之數否乎？此種爭論，誠有類於勞工查賬員與資本家查賬員之爭論於公積、折舊、耗消、損失等等問題。然此項問題，在老成練達之查賬員間，絕不能成爲左右勞工分配盈餘金額之理由。若更就社會之安寧與人羣之幸福立言，則國家對於此種會計爭議，亟應强制勞資雙方提付公斷或仲裁，以免資方之同盟歇業或勞方之同盟罷工也。

於此有須注意者，凡百企業，無論爲勞工之利益，抑爲資本家之利益，應採用一穩健而富有保守性之會計方法，藉以保障事業之穩固與安全，并謀收益能力之完整。苟資本家之查賬員，瞭解各項公積金，不能作爲增加股息或化爲股份之用，而終形成勞工之資產者（不論即時分配於勞工抑暫爲存貯以保障營業之安全），彼輩當然無主張提存鉅額公積之理由．同時，苟勞工在賢明領袖領導之下，亦當然不反對提存適當之公積，匪特以爲保障事業之安全及利潤之穩固，抑且可以避免勞工在各年度分配盈餘金時，金額相差過鉅之弊．由是觀之，勞資雙方對於會計上所發生之異議，當不致視爲激烈之糾紛，不過認爲一種襟懷坦白之意見，以求達到何者爲會計最善之方法而已．此項問題，大可由勞資雙方，選出素有聲譽之公正會計師，以求其公斷也．

至於工資必要之調節，誠如前章所述，乃自動的且公平的決定於事業收益之能力．是以勞工，苟由其查賬員之查核，而瞭解此收益能力之實際情形，則勞資雙方，除關於會計方法，仍能發生異議外，至對於工資之調節，實無發生爭論之可能．然在現代工資制度之下則何如？舉凡一切低減工資之設施，無論如何切要與不能避免，勞工必將羣起攻擊，以爲此爲掇奪勞工生活之基礎．而舉凡一切增加工資之要求，資本家亦必將羣起反對，以爲此爲刼奪資本家公平利潤之權利。勞資雙方，對於分配產業利益之態度，爲一爭奪與要求最大限度利益之態度。此兩種反對之心理，絕無論理之根據以爲公斷，或仲裁之基礎。故和解之法，唯有雙方讓步放棄其無理之要求而已。反之，至若會計方法之問題，無論何時，均能以論理爲基礎，提付公斷或仲裁而解決之也。

・以法律規定會計方法・

苟會計方法，繼續引起勞資之糾紛時，國家得制定法令以解決之。現時以法令解決會計之問題，在許多企業中，經已實現。即如全美國之鐵道組織，爲世界之最偉大者。其會計方法，乃爲一公平無私之監督官廳，即州際商務委員會（Interstate Commerce Commission）所節制與決定。州際商務委員會之監督鐵道會計，誠爲事實上當然之結果。蓋法律賦予委員會以全權節制鐵道之運費，藉以保障相當之收益，以爲支付資本之利潤。故一切純益之計算，公積之提存，與夫改良擴充等費之支出，其數目之是否正確，均有賴於會計之方法。苟委員會無權規定一種標準會計之組織，俾各鐵道公司有所遵循，則該會對於保障鐵道投資之利潤，亦無充分之能力矣．

就美國銀行事業言之，聯邦政府之審計長，有權隨時命令全國國家銀行提出資產負債對照表，幷得由其管轄之國家銀行檢查員，執行檢查銀行之明細賬目（此項檢查員即爲代表存戶及公衆之查賬員，頗類似前章所述代表勞工利益之勞工查賬員．）本於此項監督權運用之結果，審計長對於國家銀行會計之方法，亦有糾正之權．且在某種情形之下，對於凡屬疑問之資產，得命削減或剔除之．聯邦各州之州立銀行及信託公司，其會計監督之權，亦操於行政當局之手，即州政府銀行管理局是也．

美國聯邦準備銀行監理會(The Federal Reserve Board)，對於會員銀行之營業方針及措施，苟有影響於國家之公衆利益者，得執行其糾正之權．又無論何時，苟會員銀行向聯邦準備銀行請求借款，則監理會對於會員銀行之會計方法，亦得施其有力之監督權．

至於公用事業，如自來水公司、煤氣公司、電氣公司、市街鐵道公司之類，各州亦均有賦予權力之公共機關執行檢查及糾正其會計方法之權．蓋此種公司，既由行政當局予以專利，在理論上，對於公衆之負擔，自應有一定之限制，以能達到獲取投資所應得公平之利潤而止。故欲求負擔費用之正確，以杜會計之流弊，如利用收益以爲擴張工廠設備之類，是則監督機關，誠不能無權以強制推行一健全與忠實之會計方法也。

・上訴於司法機關・

由是觀之，在暫支賬工資制度之下，勞資之糾紛，不外兩種：其一，則爲關於企業年度收益之金額。其次，則爲關於決定此項年度收益所採用之會計方法。第一種論爭，乃對於事實問題之異議，苟此種異議，不能由勞資雙方所推舉之公斷人予以非公開之和解，則社會應根據法律，要求勞資雙方申訴其異議於當地之司法機關，以求解決。絕不能容資方之同盟歇業或勞方之同盟能工。蓋惟有法院之詳細審問，始能發見事實。若徒恃紛爭，則決不能發見事實也。誠以產業鬥爭之影響，姑勿論發難者之爲資本抑爲勞工，其爲有大害於國家一般之福利，固彰彰明甚。則公衆社會，自當有充分理由要求勞資雙方將此項糾紛問題申訴於法院以求其仲裁。一如社會要求將因違背契約而蒙損失之問題，申訴於法院，而不容爭論者之出於武力解決也。事實問題，既爲一依法可以解決之問題，爲謀一般之安全與公衆之幸福，苟勞資雙方無法可以解決者，則社會應主張申訴於法院，以求和平之裁決。

・國家應以立法謀解決會計政策・

至若第二種之論爭，卽屬於會計方法之論爭。吾人不能不承認會計政策之問題，誠爲一繁難之平準問題，卽以司法機關審理此類問題，亦往往感覺非常困難。由前所述以監督機關之權力，推行標準會計之方法，對於此種論爭之小節，縱或可迎刃而解。然對於論爭之重大者，時或引起產業之鬥爭，則解決之之法，唯有尋求立法之途徑。一如問題之關於國民之權利自由職業等，發生衝突而致引起鬥爭暴動之類，亦必有待於立法之解決。立法機關，既得制定法律，昭示人民以遵守契約之義務，及科罰違背契約之行爲，是則立法機關制定法律，以爲勞資分配產業利益之準繩，固亦爲當然之事耳。

・同盟歇業及同盟罷工得禁止之・

在吾人所主張之工資制度之下，利潤與工資二者，均能自動調節。關於二者之問題，足以引起勞資之異議者，不過爲事實之問題。此事實問題，國家亟應主張提出於有秩序之法院，以謀解決，而不應放任勞資之採取經濟戰爭之手段。同盟歇業與同盟罷工，均得認爲妨害國家產業之叛變而禁遏之。僱主解僱個人之勞工，或個人勞工之推辭僱主，雖爲另一問題。然若僱主採取總同盟歇業之手段，以貫澈資方之主張。或勞工採取總同盟罷工之手段，以貫澈勞方之主張，則均在所禁止。

於此有可注意者，上項所論，概關於利潤與工資之問題。而關於工作時間與勞工待遇諸問題，則不過略爲提及。所以不詳爲討論者，誠以吾人深信暫支賬工資制度，實足以融和工作時間與勞工待遇等問題之爭議也。前已言之，苟勞工之收益，超過於資本利潤以外者，其收益之多寡，全繫於勞工自身生產之多寡。則勞工自無若何動機如現在之要求最短之工作時間。在他方面言之，苟資本家明瞭工作時間愈長，絕不能對於其既定之利率有所增加，不過愈足以增加勞工盈餘之分配。則資本家自亦無若何動機如現在之規定最長之工作時間。同時，關於改良勞工待遇，如光線、通風、衛生、安全之類，所支出經費之問題，苟讀者明瞭此項經費在一種制度之下，不歸資本家負擔而由勞工之盈餘內取費者，則必曉然於此問題之易於融和或解決矣．

・產業政府之問題・

當吾人主張產業爭議應强制提付公斷或仲裁，以謀解決之時，於此聯想一新問題．即在現代代議制度政府組織之下，吾人可否根據全國產業之種類，選出全部或一部代表，爲國會之議員，而不專根據於國內地理上人口之分配是也．現時歐洲列强之中，有兩大國家，正在進行實驗產業之政府．其在蘇維埃之俄國，代表政府者，不特全部由產業界所選出，而不根據於人口，且被選出者，皆爲代表勞工，而資本則毫無發言權．由是觀之，俄國政府，實以勞工完全統治資本爲解決產業關係問題之嘗試．賦如俄國領袖自身之聲言，俄國之政府，乃一平民之狄克推多制．換言之，實即勞工之專政而已．

然而蘇維埃之領袖，已發覺徒恃勞工實不足以經營產業．蓋產業需要資本．是以現時俄國當局，運用種種方法，或以商業信用，或以長期借款，或以投資等形式，盡量招致外資．因欲達輸入外資之目的，俄國不惜以優待條件，讓與外國資本家之銀圓。換言之，俄國今日已明瞭勞工之專政，絕不能經營產業。苟非發見一種勞資合作之方法，則經濟之復興與國運之昌盛，將無由實現也。

不特此也，俄國領袖復發覺其驅逐管理技術人員於國外之錯誤。蓋勞工而無技術之管理與指導，絕對不能組織與經營現代偉大複雜之大企業。對於此錯誤，蘇維埃之當局，亦正誠懇設法由國外招致技術及工程專家，藉資挽救。對於外人有能貢獻以有才幹之管理人員者，亦予以優厚之權利。總而言之，俄國已由經驗而發見在現代之產業界，非祇一個而實有三個之要素：即勞力、管理與資本。此三者缺一不可。而尤當尋求一方法，使此三者，得協同之動作，以免偏廢，乃能收效。

在意大利，此種產業政府之實驗，其形式迥不相同。假使俄國式之政府，乃根基於勞工之完全統治資本。則意大利棒喝式（法西斯蒂主義）之政府，直可謂大部份根基於資本之完全統治勞工。然以墨索利尼之聰明，當曉然於資本之不可無勞工，亦猶勞工之不可無資本．故彼曾努力使勞資雙方得平均代表政府．是以意大利之上議院，乃由產業界勞工選出同數之代表及資本家選出同數之代表所組織而成．至於下議院，其目的似爲代表產業界以外之全國民衆（以經濟眼光視之不啻代表消費者）．墨索利尼既擁有此偉大之政府機關以謀產業法規之進展，故對於勞資糾紛問題，極端主張提付特別產業法庭以求解決，而絕不容許同盟罷工或同盟歇業以妨害產業之安全與發達也．

・產業戰爭之進展有引起內戰之危險・

現時舉全世界，對於俄意兩國產業政府之實驗甚爲注目．據公平觀察者之見解，以爲俄國自從放棄餞日各個工廠單位之共產制度（Individual Factory Unit Communism），而以大多數之小製造業及家庭工業之事業付託於私人經營及資本管理以後，已向較有實際之產業政治途上前進．然而現時之國家社會主義制度，即以國家占有及經營大規模之工業，與夫國家獨占國際貿易市場之方法，究竟能否一一如在政府監督之下由私人占有及經營之爲有效及滿意，尚屬疑問．不寧唯是，在此國家社會主義制度之下，凡屬勞工，在名義上，雖爲國家之統治者，而在實際上，則爲國家之傭員，因之，苟彼輩發生大同盟罷工，自然一變而爲反叛政府之舉動．由是觀之，此種制度，是否能達到產業永久之安寧，猶爲今日不能斷言之事．俄國之欲製造政府爲一大資本家，實陷國家於危險．蓋苟勞工對於經濟境遇，深致不滿時，必羣起反抗政府，而形成內戰．戰而勝，其結果卽爲顚覆政府．

由產業戰爭之進展，進而發生內戰之危機．其在俄國之制度，因以國家爲大資本家，而以大多數之勞工爲國家之傭員，固不能避免．而在意大利之制度，在一立法機關，則努力尋求勞資之均衡，而在另一立法機關，則設法維持公衆卽消費者之代表權，益易陷於此厄運．蓋苟勞資雙方，對於一重要問題，在產業之議院內，形成僵局，則解決此糾紛之方法，或將不採取經濟之同盟罷工或同盟歇業，而竟利用國家之武力，以分勝負．又或在上議院，勞資雙方之代表，一致合力以謀告公衆，則上下兩院，必至互相傾軋，而陷國家於無政府之狀態．故其結果，亦必由經濟之糾紛而引起內戰．

第十三章　暫支賬工資制度之利益

本書第三編所提議關於建立勞資協調之計劃，至此已詳細說明．吾人今名之曰暫支賬工資制度．在未論述此計劃之利益與反對此計劃之論調之先，吾人似應對於此計劃之組織，有一明確之界說，即何謂暫支賬工資制度是也．

·何謂暫支賬工資制度·

其界說如下：

一、資本所享受者，限於運用資本所獲公平之利潤．

二、此公平之利潤，決定於金融市場運用資金之利率．在每個企業中，此利潤應超過各該企業債券平均收益百分之二．

三、每個企業債券每年平均之收益，應決定於選任之公共評定機關．根據債券市場為自動決定之資本利潤，是有限制的，故為累積的．

四、產業收益之一切盈餘，應歸運用資本者，卽管理機關及勞工.

五、盈餘非至年終不能決定，故應按週或按月支付一種初步之薪俸或工資，卽名之曰暫支賬工資.至於盈餘之利益，則除開支股息外，應按各個勞工薪俸或工資之多寡，於年終或翌年按期分派之.

六、資本及管理機關，屢爲同一之人羣所代表.因彼輩既爲有選舉權之資本家，故能以管理機關執行者之資格，攘奪一切盈餘以爲己用.是以舉凡公司僱用勞工至一百名以上者，管理機關所享之總利益，應限定爲營業總利益百分之十.此百分之十之限制，乃視管理機關爲純粹勞工之收益而止，與若輩投資之資本利潤，固無涉也.

七、勞工之總收益，於是得由營業實際之收益而確定.至於各種類勞工所得初步工資，卽暫支賬工資之多寡，則純由需要與供給之自由作用決定之.

八、無論在任何年度，苟營業之利益超過利潤至百分之二十以上者，則翌年度之初步工資應增加百分之五．反之，無論在任何年度，苟營業失敗，不能獲得固定之利潤者，則翌年度之初步工資應減少百分之五．

九、舉凡公司僱用勞工，其人數至一百名或超過一百名以上者，應予勞工以僱用查賬員之權．此項勞工之查賬員，得自由檢閱公司之賬簿紀錄，藉以昭示勞工以會計之公平．

十、苟勞工之查賬員與資本家之查賬員，對於事實問題或會計方法，彼此意見不能一致時，則應將異議，提由勞資雙方所選任公正之註册會計師公斷之．苟公斷仍不能解決時，則應將該項問題，呈請當地主管司法機關判決之．

十一、勞資之糾紛，降爲事實問題，或會計方法之爭執，同盟歇業及同盟能工，應視爲妨害產業安寧之越軌行動，得以法律嚴加禁止．

十二、此項暫支賬工資制度，凡僱用勞工至一百名或一百名以上之企業，應强制採用．

・消除勞資雙方之敵對觀念・

此項產業關係之制度，比較現行之制度，究竟有何優點？吾人可述者，則第一件，此項制度，足以剷除勞資雙方用以爭奪產業利益之現行經濟勢力制度，而代以不爭奪而可以分配產業利益之合理制度．卽以公正平等之方法，確定產業利益，某一部份應屬資本，某一部份應屬勞工．使此產業之平衡，制爲地方之公法．誠如是，則現代流行之經濟戰爭，卽以「弱肉強食」爲主義之惡劇，得以剷除．而公平與合法之產業關係，得以建立矣．

在現代產業關係制度之下，資本與勞工之間，有不可和解之敵對心理．蓋產業之利益，此方之所得者，卽爲彼方之所失，其理至明．卽增加於勞工工資者，則不能不減少資本利潤．而增加於資本利潤者，則不能不減少勞工工資是也．

誠如上述，吾人所提議之制度，則又將如何使勞資間萬難和解之敵對心理，歸於消滅乎？消滅此敵對心理之方法爲何，卽在產業利益增加之時，則使勞資雙方均受其利．而在產業利益減少之時，則使勞資雙方均受其害．換言之，在此制度之下，營業年度利益增加之時，工資即爲自動的增加。同時，利潤安全之限度與持續之保障，亦即爲自動的增加。反之，營業年度利益減少之時，工資即爲自動的減少。同時，利潤安全之限度與持續之保障，亦即爲自動的減少。因之勞工與資本，同趨於增加營業收入之同一途徑上努力，而同受其利。勞資之利害既屬相同，則現時雙方之敵對心理。必能融和而化爲合作之心理。由是觀之，暫支賬工資制度，實爲完成勞資協調之基礎，而解除雙方糾紛之根本原因也。

·廢除同盟歇業及同盟罷工·

在現代支付工資及利潤制度之下，此二者之分配產業利益，完全以勞工與資本經濟力比較之強弱爲標準。苟勞資雙方之勢力，有同等之組織，則欲求工資之增加，其唯一方法，不外同盟罷工。而欲求工資之減少，其唯一方法，不外同盟歇業。苟勞資之任何一方，其組織比較强大者，則保持暫時之安寧，乃弱者之完全屈服於强者之結果。然此種苟且之安寧，不能持久。苟弱者之組織漸臻强大，恢復其戰鬥力時，則經濟戰爭，必將重演。是故以經濟勢力所克服之產業安寧，其過程有類於兩敵人間之停戰，而非友好間之合作也。

在暫支賬工資制度之下，工資與利潤之增減，乃根據公平之原則爲自動的推移．資本無論在任何時期，一視金錢價值在世界金融市場之變動如何，而取得其充分之租借代價．苟金錢之價值高漲，則資本之利率必自動的增加．苟金錢之價值暴落，則資本之利率必自動的減少．至於勞工所獲之工資，苟勞工出品之利益增加，必自動的從而增加．苟勞工出品之利益減少，必自動的從而減少．因之勞工無論在任何時期，亦一視其出品售價之利益如何，而收穫其應享之報酬．產業全部之利益，乃資本與努力之結果．苟由結果除去資本之功能，所餘者卽爲努力之功能．換言之，卽管理機關與勞工．由是觀之，在此制度之下，實無需乎同盟歇業，或同盟罷工以促成工資與利潤必要之調整．蓋工資與利潤，自動的且公平的爲事實所操縱，而非勞資任何一方之勢力所能節制也．

節制利潤之事，實爲金錢之市場利率．而節制工資之事，實爲營業年度之收益．是以勞資之間，能以引起糾紛者，非要求或政策之問題，而爲事實之問題．既爲事實之問題，則無需採取同盟歇業或同盟罷工之手段，而得以公斷或仲裁解決之．就法律上言，此項事實問題，爲適法問題．應依法爲公平之審判以資解決．此殆爲當然之途徑．蓋事實旣不能以鬥爭證明，又不能以鬥爭變更．是以採取經濟戰爭之手段，不論資本之利用同盟歇業，抑勞工之利用同盟罷工，在吾人所主張之制度視之，足以證明取攻勢者，非欲達到公平之目的，而實欲以戰勝克服對方爲職志．在此種情形之下，不特輿論將羣起攻擊此產業和平之破壞者．卽國家爲公共之安寧計，亦當依法將此項糾紛提付公斷或仲裁也．

·工資有彈性則經營事業有持續之可能·

職業之不穩固，乃勞工不能安定最大之一原因，亦爲產業糾紛之一根本理由．在現代硬性工資制度之下，製造家對於推銷其製品，大受工資之硬性限度所掣肘．因欲持續推銷其製品於市場，勢不能不減低賣價．而此硬性限度，適足以妨害之．消費者之需要，原無一定之分量．分量之多寡，每隨物價爲轉移．物價之高漲，不特限制現有購買力之消費者之購買，抑且對於原日購買家之一部，其物價將成爲絕對禁買．反之，物價之下落，不特增加現有消費者之商品消費量，卽以前未有購買力之多數消費者，亦均得有購買商品之機會．是故凡製造家，苟能自由增減其商品之賣價者，則必能發見最高賣價之水平線，而推銷其全部之製造量。製造量誠如是，則必能充分持續經營其工廠之製造事業。

然而在現代有定額工資制度之下，製造家爲生產費之工資所掣肘，苟非忍受莫大之損失，則不能減低賣價至一定限度以下。彼輩縱能忍受一時之痛苦，減低賣價，製造廠仍不能長此持續經營。故其結果，製造家唯有關閉工廠而解僱勞工。在企業中此種歇業之現象，姑勿論發生於一部份抑發生於全體，究非起因於勞資直接之衝突。然而勞工因此所受之打擊，并未見輕減，且亦足爲引起勞資重大糾紛之原因。蓋勞工之意見，以爲苟一年之中祗有四十週之工作，則彼輩之工資，應行增加，藉以彌補其失業時期之生活。因一年之中，彼輩之生活，仍爲五十二週也。就在僱主之觀察，則以爲賣價過高，既不能盡量銷售其商品，苟生產費（工資）增加，賣價卽須更高，則商品之銷售益滯，而失業者益多。故其結果，失業之增加與工資率之增加，互相銜接，互爲因果，直至勞工獲最高之工資而無工作而後已。

暫支賬工資制度則不然。蓋此項制度，使生產者對於節制商品之賣價，有更大迴旋之餘地．故無論何時，能訂定一種賣價，足以容納推銷其全部之製品，俾得持續工廠全部之工作，而免勞工之失業．此種情形，恰如企業家合夥從事製造事業，每人暫支若干節約之薪俸維持生活．至其最後之收益，則於年終決定而分派之．誠如是，於必要時，減低商品之賣價，藉以推銷全部之製造品，而持續其營業．則發生變化者，惟在年終利益之分配，而於各人暫支賬之薪俸與營業之持續，則毫無變動也．不特此也，一年之中，賣價或有高漲之時，則賣價之起跌，亦可相抵．無論如何，一年之中，彼輩仍得持續其營業而繼續支取其暫支賬之薪俸，換言之，彼輩得以「聊勝於無」之穩健態度，而繼續其事業也．

依此方法，舉凡大宗製品之企業，均得繼續經營無阻．至於勞工之收益，雖因於消費者一般之繁榮及需要其特有製品之關係，而發生變動，然此收益之變動，比較甚微．然而不斷威脅勞工之失業問題，則從此可以避免．抑更有須注意者，勞工之工資，因欲推銷製品，致製品價格下落而減少時，此製品價格之下落，亦卽同時成爲工資購買力增加之原因．是以勞工之工資，在名義上言之，雖屬減少，而在實際上言之，或則毫無變動，或且反而增加也．

除採用此暫支賬工資制度之外，苟國家制定法律，厲行年期之勞工契約，禁止每週每日或每時之僱用勞工，則更可防止製造業者在營業旺盛之季節或在特別需要之機會，招致大量之勞工，給予額外之工資，而令其為逾時之勞役。如此，則可免除狡黠製造業者為長夜之工作，而致其他工廠卽在日間亦無正式之事可辦。故暫支賬工資制度與厲行年期之勞工契約二者，誠能并行不悖，則吾人今日大企業中所缺乏之圓滑性與持續性，卽可獲得。其結果不獨有利於勞工，抑且有利於資本。蓋二十四時間之工作，對於首先採用之製造業者，雖能一時獲取非常之利益。然苟人人採用，則必至生產過剩，工作參差，僱用不常，價格暴落，人人受害。今日有若干國家，其棉織業卽陷於此種苦境。

雖然，暫支賬工資制度，對於已不通行之製品，縱使定一任何低廉之價格，而亦無人過問者，當然不能維持其繼續經營之可能。製品之變遷，雖予製造者以重大之打擊，然企業界不能不應時勢需要之潮流，以謀製品之改進。卽如美國之 Studebaker 製車公司，苟堅持其專門製造馬車之營業而不改變為經營製造汽車之營業者，則此公司今日恐早已不能存在．故無論何種工資制度，決不能維持一大規模之組織，持續經營製造已不通行之十九世紀式之馬車也．

．價格有循序之變動則營業可收穩固之效果．

據吾人所熟知價格水平線之變動，苟緩慢而有步驟，則其差額之損益，將被營業上之計算所吸收，而不致牽動整個營業與生產之安全及進展．然苟價格發生重大與急激之變化，則營業與生產必將越出常軌而陷於危險之地位．其結果，必至有一時期營業連續興盛，因之勞工工作逾恆，資本需要驟增，利潤因資本之缺乏而高漲．然繼此者，必為一反響之時期，營業將不斷衰落，因之勞工多數失業，資本之需要大為減少，利潤因資本之過剩而大跌．

決定價格之基本成分，實為製造品之生產費．此生產費之意義，不特包含製造品最後階段（即完成品）之生產費，即組成完成品之各個原料品之生產費，亦莫不概括之．職是之故，苟工資制度，有彈性能自動的緩慢變動工資之水平線者，則商品價格之水平線，必能為緩慢之變動，而不致破壞營業．反之，苟工資制度，不特使工資在完成品之生產費為急激之變動，即在各個原料品構成完成品過程中之生產費而亦爲急激之變動者，則必致牽動商品價格之水平線爲急激之變動。其結果必使生產與分配失其均衡，而遺害營業。此種價格急激之變動，苟爲暴漲，則必驅使一國之生產機關逾越安全之域。苟爲暴跌，則生產機關必致停頓而造成大多數工人之失業。

根據吾人之觀察，在暫支賬工資制度之下，依每年利益分配於勞工之多寡，工資之水平線即能自動的爲有步驟而緩慢之變動。而此有步驟而緩慢之變動，一年之中，其最大差額，亦不過定爲百分之五。此百分之五之變動，亦惟限於非常之時期。苟非年中之營業甚旺，足使暫支賬工資能增加分配至百分之二十以上，或年中之營業慘落，甚至不能獲得資本有定限之利潤者，即不採用。不寧唯是，即此勞工年終利益最後分配之變動，及依於暫支賬工資百分之五之變動，亦不過就每公司各自決定，而非網羅一國整個之企業。由是觀之，其結果有一部份工資降落之時，同時亦即有另一部份工資高漲。故勞工一般之購買力，每年相差亦至微耳。

此項勞工購買力之更大均衡，誠有予以精密研究之價值．蓋企業之安定，不特有賴於生產之均衡及物價水平線緩慢之變動．即對於生產品需要之力量及均衡，亦不無深切之關係．就需要言之，苟詳爲分析，則其重心必歸根於一國羣衆之購買力．換言之，卽根基於勞工之購買力．此之所謂勞工，當然包含農村之勞農．卽以富者之需要奢侈品而言，其需要之狀況，亦常爲羣衆需要生產品之購買力所左右（富者所獲之利潤卽有賴於製造及販賣各種生產品）．是以習支賬工資制度，不特足以安定生產品之供給與物價之水平線，抑且足以鞏固及平均物品之需要．因之物價之暴漲與營業之衰落，均可防遏，而凡百企業，遂得達到一安定之域．

·財富散布愈廣則各種企業生產品之販路亦愈佳．

社會上有一種極慘痛之僵局，爲現代工資制度所造成者，卽製造家不能生產生活之必需品，因其製造品無人過問．而同時大多數之勞工不能購買生活之必需品，因彼輩不能在此等製造家之工廠獲得工作是也．換言之，卽工廠不能生產貨品，因貨品無人購買，貨品之所以無人購買，則因願購買者，在生產此貨品時，不能獲得購買貨品必要之金錢（卽勞工之生活費）。暫支賬工資制度則不然，以之比諸現代之工資制度，不特更足以維持勞工購買力之均衡，苟企業之盈餘，除支付資本有限度之利潤以外，槪歸勞工者，抑尤足以增進勞工羣衆之購買力。蓋企業之生產力愈大，則其利益亦愈大。此項利益之增長，亦卽爲勞工羣衆購買力之增長。購買力有增長，於是企業界所加多之生產品，始有銷流之出路。由是觀之，暫支賬工資制度，不啻成爲企業界生產與利益及勞工獲利與購買力之樞紐。因一方面之增長，則其餘各方面亦必同時增長。是以勞工苟獲得優厚之工資者，則彼輩之購買生產品，亦必旺盛。誠如是，生產與消費，自然得其平矣。

美國南北在戰爭之後，關於恢復現金支付之問題，提出討論時，當時有著名之金融專家曾謂「恢復之方法，卽在於恢復。」意謂重複以現金支付，繼續不斷也。此項理論，頗適用於企業界之不斷生產及不斷僱用勞工。蓋工廠之機輪，苟使之繼續旋轉，則勞工之工資，卽能繼續流動。自然能創造必要之購買力，以購買工廠之生產品，而復令工廠之機輪，繼續旋轉也。然而此種簡明單純之方式，何以在現代企業界，不能見諸實行，則以工資與營業之利益迴不相謀。故生產與羣衆購買力之關係，相去日遠，馴至足以停止全部機構之旋轉。譬諸機關車之蒸汽機與其車輪之聯軸，苟無一切當之聯絡者，吾知此機關車之不能行也必矣。

今吾人姑舍經濟之領域而不論，卽就人道主義之見地，觀察上述之問題，吾人深信，因暫支賬工資制度運用之結果，財富之散布必愈廣，同時勞工之購買力亦必愈大，則舉國勞工生活之程度，亦自必愈高。由是觀之，此種制度，實亦增進國家人民幸福之制度，與富國論之集中財富於少數人之手，而自詡爲「其運用與投資之保管人」者，誠有天淵之別。苟一國家能令每一國民，自有其安適之家庭，比之少數富豪，養尊處優，而一般民衆，則窒息麕集於狹隘之陋巷爲幸福者；是則工資制度之能散布財富者，其必優於工資制度之唯能集中財富者亦明矣。

•產業所有權之散布足以增長國家之福利•

暫支賬工資制度運用之結果，依上述之論斷，不特足以擴大財富散布之範圍，直接增長勞工之購買力，因而惠及工商，益及邦國．且此項制度之運用，比諸現代制度，更可使勞工增加投資於其被僱之企業，而增進其經濟之地位．多數工商業領袖之意見，以謂苟勞工與其本公司發生經濟之關係，則勞資之衝突，必可激減，勞工羣衆之幸福，必可增進，彼輩對於公司忠誠之態度與服務之熱忱，必可奮興．由是對於健全之政府，亦必深致信賴，而對於祖國之愛國心，亦必油然而生矣．凡此種種，其有裨益於國家之安全與福利為何如耶！

在現代工資制度之下，有遠大眼光之領袖，雖亦間有鼓勵勞工獲得股份之所有權者，然若輩購買股份為數極微，因企業家絕不容許勞工獲得大多數之股份，以防大權之旁落。是以若輩既非大股東，對於公司之營業，自無實際之發言權，即以投資之利益而論，對於收入之增加，亦毫不足齒數，然在暫支賬工資制度之下，假定勞工有幹練忠誠之領袖為之指導，則若輩不特在其工作之企業中，得為確實之投資，且經過若干年後，即能掌握該企業之全權．如再假以更遠之時日，一本勤儉儲蓄之精神及採用確實投資之方法，自能達到過激派勞工領袖所主張以沒收手段所獲得之目的。卽勞工達到占有生產所使用之一切工具機械工廠及原料等之目的。誠如是，勞工在其服務之企業中多一分投資，則該企業之勞資間卽少一分衝突。苟勞工進而投資於其企業資本之全部，則該企業中之勞資糾紛，當然歸於消滅。蓋無論何人，不能向自己發生衝突。換言之，企業之利益，不論爲工資而入於左手，抑爲股息而入於右手，自勞工視之，均不成問題耳。

·勞工逐漸獲得企業之管理權·

吾人雖確認暫支賬工資制度，最後必能使被僱者，卽管理機關及勞工，獲得企業之管理權。然苟於此而無相當之引證，則人將以爲幻想。故特就美國若干大公司，曾經發表之紀錄，加以研究，藉以明瞭勞工確能於若干時期內，獲得此管理權也。

今爲例證起見，特引用美國鋼鐵公司(The United States Steel Corporation)、奇異電氣公司(General Electric Company)、美國車輛及鑄造公司 (American Car and Foundry Company)、通用汽車公司 (General Motors Company)、美國製罐公司

(American Can Company)、國際農具公司(International Harvester Company)、美國鎔鋼及精煉公司(American Smelting and Refining Company)、國民製鉛公司(National Lead Company) 諸大企業之事實，藉資探討，此處所引用之數字，雖根據穆德氏(Moody) 一千九百二十六年所編之統計，曾經著者為縝密之計算，然亦不能視為絕對正確，蓋今之所引用者，或仍有不甚明顯或完全之處也。

美國鋼鐵公司，過去六年間，每年獲得超過股息之盈餘，平均為二千三百萬元又十分之七。此項超過公平股息之盈餘，根據暫支賬工資制度，應歸諸勞工。假使此項盈餘，在賢明領袖指導之下，用以購買公司之股份，因其資本總額為八萬六千八百萬元，故約在十八年又十分之七之期間，勞工可獲得半數即控制之資本，而在一倍時期之後，則可獲得公司之完全所有權。

就奇異電氣公司言之，過去六年間，獲得超過股息之盈餘(包含以盈餘化作紅股一項)，平均為一千六百萬元，該公司之資本為二萬一千五百萬元，是以約在六年又十分之七之期間，可獲得半數即控制之資本．而在十四年後，則可獲得公司之完全所有權．

美國車輛及鑄造公司，過去六年間平均所獲超過股息之盈餘，爲一百萬元又十分之一．該公司之資本爲六千萬元，故約在二十七年又十分之三之期間，可獲得控制之資本．而在五十五年後，則可獲得公司之完全所有權．

通用汽車公司，過去六年間，平均所獲超過股息之盈餘，約爲一千萬元又十分之六．其資本爲三萬六千八百萬元，是以獲得控制之資本，約在十七年又十分之四之期間．而獲得公司之完全所有權，則在三十五年之後．

美國製罐公司，過去六年間，平均所獲超過股息之盈餘，爲五百萬元又十分之三．其資本爲八千二百萬元，是以在七年又十分之八之期間，可獲得控制之資本．而在十五年半之後，則可獲得完全所有權．

國際農具公司，過去六年間，平均所獲超過股息之盈餘，約爲二百萬元又十分之九．其資本爲一萬六千二百萬元，是以約在二十八年後，可獲得控制之資本．而在五十六年後，則可獲得完全所有權。

美國鑄鋼及精煉公司，過去六年間，平均所獲盈餘，約爲二百萬元又十分之六。其資本爲一萬一千一百萬元，是以約在二十一年又十分之三之期間，可獲得控制之資本，而在四十三年後，則可獲得完全所有權。

國民製鉛公司，過去六年間，平均所獲盈餘，約爲一百萬元又十分之六。其資本爲四千五百萬元，是以約在十四年又十分之一之期間，可獲得控制之資本。而在二十八年後，則可獲得完全所有權。

上述各項估計，並未涉及勞工如何利用其初步工資爲任何貯蓄及投資之問題。不過說明苟以公司之盈餘，爲勞工謀獲得其被僱企業之利益者，則可於若干年後得成就其大願而已。

·勞工增進生產卽所以獲眞正之工資·

在現代有定額工資制度之下，附帶以每週每日或更以每小時之僱傭契約，失業之恐慌，不啻不斷威脅勞工之生命。因之勞工領袖，希冀減短失業之時期，不特力謀限制勞工時間，抑且鼓勵或更要求降低生產之標準，藉以延長工作，而得減少失業之機會。此兩種政策所貽之結果，即爲生產品價格之暴漲。價格一旦暴漲，生產品即從而滯銷。於是適得勞工旦夕所惶懼之失業。失業至矣，苟勞工感受失業之痛苦愈甚，則彼輩必因謀補償損失之故，愈加要求增加工資，減少勞工時間，及採取怠工之手段。凡此種種策略，惟有使生產品價格愈趨高昂，市況愈趨衰落之一途而已。此惡性之循環，即所以形成虛有最高之工資，而毫無工作。不特此也，苟生產品之價格飛漲不已，則貨幣之購買力必將大減，而各企業工資之眞價，亦必將受重大之遏抑，至是生活程度益形低落，而全體國民之福利，亦必將受其害矣。

然在暫支賬工資制度之下，結果適得其反。何故？因在此制度之下，企業有持續經營之可能，即勞工無失業之恐慌。不寧唯是，勞工因深知企業盈餘之利益，將歸諸若輩。又因根據此項制度，若輩可獲得企業經濟上更大之利權，自然對於工作，感覺更深之興趣，對於公司，表示更厚之同情。因之對於生產品質量二者，亦均銳意求更大之進步。此生產品更大之進步，勞資二者直接均蒙其益。蓋資本之利潤，將獲得更大之安全保障，而勞工方面，亦將獲得超過利潤以上更大之盈餘也。不特此也，因生產品之增加，市場之價格隨之下落。是以舉國上下，間接亦蒙其福利。復次，生產品價格之下落，亦即爲貨幣購買力之增加。貨幣購買力一旦增加，則凡屬勞心勞力工作以謀生活之人，不論在教育界、自由職業界、藝術界、新聞界、文學界、宗教界，其薪俸之眞價值，與在生產界活動之勞工工資之眞價值，亦即同時增加。誠如是，則全體國民之福利，必大有進步也明矣。

·可挽救失業勞工工作能力極度之消耗·

暫支賬工資制度，苟如上所論，在勞工方面可以避免採用同盟罷工之手段，要求增加工資，因而延長失業。或在資本方面，可以避免採用同盟歇業之形式，主張減少工資，恢復利潤，因而延長失業；而猶能自動收調節工資與利潤之實效者，其結果必能挽救現時失業勞工工作能力極度之消耗。於此吾人實無庸贅述因同盟罷工及同盟歇業所造成生產損失統計之必要。蓋舉凡工業國家之政府勞工局，皆有事實足資研究。茲不過述及兩事，俾讀者得曉然於失業之影響於勞工資本及社會損失之巨大爲何如足矣。在美國一九二五年至一九二六年間之鑛工同盟罷工一百六十五日，根據統計，每日之損失，超過一百萬元。在意大利政府，猶未能致力於設置勞資協調之立法機關以前，因勞資之糾紛，每一年中所損失之勞工日數，爲五萬萬日。

在現代有限制工資制度之下，因同盟罷工及同盟歇業之故，不特勞工工作能力大爲消耗，抑且因失業時期之屢見，而致工資能力發生重大之損失。著者於此，對於工業國家平均失業時期之計算，雖無確實之統計，然在現代無彈性與無調節工資制度之下，全國工資能力百分之十，可斷其歸於消耗，誠非過論。即以英國而言，約二百萬之勞工，終日無所事事者，亦已數年。此雖謂歐戰後之特殊結果，亦未始非賑濟金之養成其惰性也。總而言之，失業問題所引起國家大量之損失及勞工之痛苦，誠有喚起吾人注意之價值。苟暫支賑工資制度，誠如吾人所論，足以排除或減少此種惡果者，則此項制度，一旦採用，其有功於現代經濟生活而尤能嘉惠於勞工也必矣。

第十四章　反對暫支賑工資制度之理由

·分配標準之謬誤及不公平·

資本家對於暫支賑工資制度，第一反對之理由，當然以謂該制度所採取勞資間分配企業利益之基本原則，乃屬謬誤及不公平。此種資本主義者之觀念可以簡單之例證說明之。設有一樵夫，以自己單獨之努力，每日可由山林中採伐一捆之柴薪者，今苟資助以一車一馬，則可採伐四捆。故樵夫對於此四捆之協同生產，其所輸將者，不過為四分之一，而車馬之主人，則因利用其車馬之故，得增加三捆，實為此三捆柴薪之享有人。因勞力所生產者，為四分之一，而資本所生產者，則為四分之三。是故此四分之一與四分之三之比例，即為分配生產利益之標準。

然而不幸此種推論，實為兩可之問題。馬克斯（Karl Marx）在其所著之資本論中，雖未嘗引用此例證，然其言曰，設唯有車馬而不假以人力，則不能由山林中採伐一根之柴薪，苟加以人力，則可採伐四捆。因此車馬之主人，不能享受任何利益，而樵夫則得享受柴薪四捆之全部。資本不能有所生產，而勞力則可生產一切。是故對於生產之利益，資本不得絲毫染指，唯獨勞力可獲取全部之權利。

勞力而無資本之協助，則所生產者，不過爲勞資協同生產之極小部份。是以勞力祇能享受協同生產利益之極小部份，而資本則得享受其全部之盈餘，此乃資本主義根本之觀念。

資本而無勞力之協助，則不能有所生產。是以企業利益之全部，爲勞力所生產，因此勞力應享受企業利益之全部。此乃馬克斯主義根本之觀念。

然二者均不免於偏見。蓋資本家未嘗計及當勞工使用資本之時，縱使無經綀之勞工，一旦運用複雜之工具機械及各種原料，則其所收之效果，必超越於其膂力之勞力所能勝任。因其運用資本之故，此項勞工，已成爲技巧之勞工。除以勞力工作之外，並進而運用管理之方法。即就採薪之樵夫而言，苟彼運用車馬以採伐柴薪者，必須明瞭駕馭車輛，飼養馬匹，裝卸貨物，整理車輛，及搬運柴薪所採路徑之情形，若在近世企業複雜之組織而言，則勞工所需要之訓練技術與管理，尤爲深奥，至於管理機關，在近世企業之人事組織言之，雖與脅力之勞工大有區別，然究不失爲勞工，故仍不能與死物之資本相提並論也。

在他方面言之，勞工之生產力，因藉使用車馬之故而激增，是以車馬之主人，對於勞工使用其車馬，當然有獲取報酬之權利。關於此點，馬克斯主義所謂凡百事物以資本之名義而供使用者，概以不正手段由勞工攘奪得來之說，實毫無根據，縱或有一部財富，嘗以不正之手段而獲得。然資本之大部份，乃由勞力勤儉所積蓄而成，故資本供企業界之使用，獲取利潤，與夫對於使用上所冒之危險，獲取報酬，誠屬正當，暫支賬工資制度，即所以尋求合理之方法，俾於每個年度中之每個企業，決定何者爲資本所應得之利潤，換言之，即由產業之總利益，除去此項利潤，即能尋出勞工對於協同生產所應得之酬勞也。

·內容複雜不易實行·

其次，資本家對於暫支賬工資制度所持反對之理由，則謂此項制度，內容複雜，不易實行。此項制度，固須有精密之會計。然其所採用之會計方法，實與近世管理完善大企業間所用之會計毫無區別。所困難者，誠以勞資協調之問題，本身已甚複雜，苟不然者，則此項問題，已早爲社會人士所解決矣。

吾人苟欲暫支賬工資制度通行無阻，而尤爲勞資雙方所樂於接受者，則唯有先解決兩個事實之問題。其第一問題，爲企業每年實際之收益。其第二問題，爲該企業所發行債券實際平均之收益。今欲解決第一個事實問題，即企業每年收益之問題。姑勿論此項收益，超過該年度利潤以外之部份，歸諸勞工，抑以此超過利潤之利益，滾存於盈餘，而歸諸資本。其所需要之會計組織，既無多大區別，亦無單純與複雜之分。即以現代之會計方式，便可適用。他如工場機械工具等價格遞減之公積，亦均得以現代式之會計處理之也。

至於第二個事實問題，爲採用暫支賬工資制度所應予以解決者，即決定各個企業所發行債券平均收益之問題。此項問題，在現代金融市場上，爲一比較簡單之財政計算問題。即如金融市場日常所公佈爲吾人稔悉之鐵路債券公用事業債券或工業債券等平均價格之指數表，雖不過指明各該債券平均之市價，然吾人藉此，即可以簡單之計算求得債券平均之收益。此種計算方法，有識之財政家，以之求得國內各項企業債券平均收益相近之數字，絕不以爲艱難之事。而此相近債券收益之數字，亦即自動決定各個企業每年之利率者也。

・法庭對於會計爭議之判決不易執行・

資本家對於暫支賬工資制度，所持第三個反對之理由，則謂法庭對於會計爭議之判決，不易執行。蓋法庭對於資本家方面，苟認爲不遵守判決，而出以同盟歇業要挾者，雖可以罰款之方法，使之就範。然對於勞工方面，苟若輩出以同盟罷工之手段反抗判決，則罰款之方法，殊難發生效力。換言之，即法庭縱能以有效之方法，禁止資本、利用同盟歇業貫澈其主張。然對於勞工，苟法庭之判決有不利於若輩者，則若輩雖利用同盟罷工之手段貫澈其主張，法庭亦莫奈之何。苟大多數有組織之勞工，拒絕工作，則無論法庭或任何機關，均不能强其就範。其結果必至關於會計方法發生異議時，在法庭上，苟勞工勝訴，則若輩可接受判決反之，苟勞工敗訴，則若輩必出於同盟罷工，反抗法庭，而貫澈其主張。是則此種制度，在實行上，實完全為一片面之方法而已。

殊不知關於會計上爭議之判決，法庭苟以維持經濟界之和平為理由，能藉罰款之制裁，使富有資財之資本家服從者，吾人相信，窮乏之勞工，最少當感覺罰款制裁之力，俾不致出於擾亂經濟界和平之手段，而亦能服從判決。所餘者，不過為如何由勞工收取罰款之問題而已。然在暫支賬工資制度之下，强制執行收取勞工之罰款，其事之易，與强制執行收取資本家之罰款，正復相同。苟對於資本家所科之罰款，如不繳納，得禁止其分配股息。則對於勞工所科之罰款，如不繳納，亦得禁止其分配超過股息之盈餘。無論任何一方，苟屬違法，即不能逃避金錢之科罰。是故對於勞工，苟在其超過股息之盈餘上，得減少其收入百分之五、百分之十或百分之十以上以為科罰者，則此種威脅，實足使勞工緩和其態度，而俯首聽命於法庭之裁判。猶之以同等之比例，減少股息之收入，亦足使資本家放棄經濟鬥爭之手段，而受法庭之處分也。

・在股息未開始分配以前勞工有主張高額工資之可能・

對於暫支賬工資制度，資家本復有反對之理由，則謂此項制度，關於股息分配，應從何處開始之問題，亦足引起無窮之糾紛。蓋勞工在資本未獲得任何報酬以前，縱使當時工資已高，資本已無利潤之希望，而亦必主張更高之工資。換言之，即勞工無論在任何情勢之下，亦必反對資本利潤之優先於工資之任何部份。此項制度之根本原則，苟一旦强令實現，必遭勞工之排斥。此種事實，固爲一實際困難之問題。然吾人應回憶，此項制度在計劃上，未嘗不預想有此困難，故計劃之大旨，即爲無論在任何年度，苟企業不能獲取有定限之利潤，則於次年度應減少勞工初步工資百分之五。如視爲必要，則於以次各年度，繼續減少，惟每年度減額，不得超過百分之五，直至企業能獲取利潤而後已。反之，苟企業之利潤十分安全，竟能在利潤以上分配勞工以百分之二十之盈餘利益者，則每年度亦得增加工資百分之五，直至利潤安全之範圍，縮減至原有之定限而後已。此蓋爲一合理而有彈性之調節勞銀之方法。然今日變更工資之方法，勢必出於同盟罷工或同盟歇業之經濟戰爭手段。其結果終致工資與利潤同歸損失，推而至於影響一國經濟及政治之安全。

暫支賬工資制度，在組織不完管理散漫之企業中，絕不能藉削減工資至生活需要以下，以求企業之利潤。蓋無論在任何年度，苟工資百分之五之減少，致一公司或一企業之現行工資率降低至市面工資競爭點以下者，則該公司或該企業中之勞工，凡其工資不達競爭點以上者，必相率離去，而引起勞工缺乏之恐慌。資本家既不能招致勞工，繼續營業，以求利潤，則亦惟有出售其事業或與有力之公司合併而已。

暫支賬工資制度之計劃，對於利潤，雖稍有優先於工資之本意，然實際上，對於工資，亦不無予以充分保障之處置。第一，有限度利潤之核定，先採決於公平之行政機關。第二，則超過此項有限度利潤之盈餘，完全賦予勞工。根據前章美國各大企業公司之例證，吾人深信此項制度予勞工以利益，比之現時有限制之工資，必爲優越。誠如是，事實上有利於勞工者，賢明之勞工領袖，其不能加以反對也明矣。

・此項制度需要龐大之立法及政府之企業統制・

在普通情況之下，資本家對於政府關於企業之立法，喜用「政府干涉營業」之名詞，大概比較勞工持强硬反對之態度。職是之故，對於暫支賬工資制度，謂須需要龐大之立法及政府之企業統制，而加以反對者，在未考慮勞工方面如何反對之先，於此得視爲資本最後反對此項制度之理由。

凡一企業制度，其最後之成功或失敗，苟非先事實驗，固不能完全肯定。然吾人所提議之暫支賬工資制度，既謂在市場上有操競爭必勝之權，則雖不必根據任何國家之立法，亦得因宜以自由契約之形式，採用於一公司或整個之企業間也。

設或以自由意志，採用此項制度於一偉大之鋼鐵公司，則資本與勞工間，對於四項問題，應有一同意之表示。第一，應聘請公正之金融專家，決定該鋼鐵企業所發行債券每年平均之收益。第二，代表資本家之查賬員與代表勞工之查賬員間，對於會計方法發生異議時，雙方均應將所持異議，就決於代表兩方之公正會計師。苟代表兩方之會計師，不能同意取決，則得授權聘任一單獨之專家，以求其最後之決定。第三，資本家與勞工，無論任何一方，對於利率之決定，或會計之方法，苟拒絕履行，不受法庭之制裁，而出以同盟歇業或同盟罷工之手段，藉以貫澈其主張者，應同意於一定金額之罰款。第四，資本家與勞工，無論任何一方，有受罰款制裁之情形時，應同意將此項問題，提出於當地法庭，受其公正之審查及裁判；幷同意此項罰款，應依照通常法律手續，予以執行。

今姑設此項暫支賬工資制度，業由勞資雙方，本於自由之意志，同意採用於一偉大之鋼鐵公司。其結果，此公司在自由市場商業之競爭上，究立於有利之地位乎？抑立於不利之地位乎？第一，假使從業之勞工，明瞭凡超過資本利潤以上之盈餘，均屬彼輩之利益者，則在理論上，吾人可信每個勞工之生產，必有增加。每個勞工生產之增加，卽為賣價生產費之減少，生產費之減少，卽所以使公司在同業競爭上，立於有利之地位也。

復次，在管理營業者方面言之，對於生產品賣價之調節，有自由操縱之權，因之在市場上，得推銷其全部之商品，而使企業得以繼續全部之經營。然在現代工資制度之下，經營者因被有定限之工資所拘束，對於賣價之低減，絕無迴旋之餘地以達其推銷商品之目的。職是之故，營業必歸清淡，生產遂受限制，失業亦因以構成。生產既減少，不足以負擔一定之維持費，則生產費必從而增加，因之商品益難銷售。反之，在吾人所提議之制度，價格既能隨時隨市場之需要以爲轉移，故生產品之全部，亦得隨時售罄。需要既因價格之低減而昂進，故經營者無論在任何時期，得立於自由操縱之地位，調節賣價，俾需要與供給得保持其均衡。

由是觀之，此項制度，苟由一公司或一企業自由採用，必能收相當之效果。然欲使暫支賬工資制度顯最大之效能，究不若以立法之手段採取强制之方法。凡一切企業，僱傭從業員超過一定之人數者，均須採用此制度之爲尤妙。蓋此項制度，其目的既在以合理之方法，分配企業利益於勞資之間，凡有異議，不願以現代勞資鬥爭之手段以爲解決，而一以法庭之裁判爲依歸。誠如是，苟一般社會，要求以立法規定勞資雙方必須尊重各個之利益，採用此項和衷共濟之方法，以爲解決利益分配之糾紛者，吾人確信公共之安寧與國家之福利必因是而大有進步也。

國家公共之福利，既比較勞資任何一方之利益爲重要，則此項立法，苟能根據公平之原則，確立企業界永遠安全之保障者，吾人當認其為完全合法，而毫無侵犯勞資任何一方合法之權利，卽實業以外之團體，因保護全國利益之故，往往需要法律之準繩，個人之自由，亦嘗因保障全體社會利益之安全而受種種必要之限制，從無人加以誹議，是其明證。

至若現代國家衛生行政之例，關於醫師之營業，檢疫之執行，公共衛生之設備，與夫食品之檢查等，均有專門之立法，嚴為規定，以資遵守，尤為吾人所熟知者也。

・勞工同盟有毀滅之虞・

對於本書所述勞資協調之計劃，勞工之反對，其勢實不減於資本。其第一反對之理由，殆謂暫支賬工資制度，必將毀滅勞工同盟，而驅逐勞工於有組織資本鐵蹄之下，一任其蹂躪。此誠過甚之辭。蓋此項制度，將予有組織之勞工以必要之事實（此種事實，在現時或為缺乏之，或得之於模糊不清或不正確之情形。）使彼輩得以決定勞工在其企業所獲之利益，是否公平。現時勞工之代表，對於一公司或一企業究竟是否發達或發達至如何程度，絕無精密或正確之方法，足以尋求。然而吾人所提議之制度則不然，不濫派所謂勞工代表，而替代以有經驗之查賬員及公正之會計師，受僱於勞工而歸勞工所節制。此輩查賬員及會計師依法有檢查公司一切賬目簿據之全權。因之公司營業之盈虧，洞悉無遺，并得知除分派公平之利潤於資本外，該項營業究有若干盈餘足以分配於勞工也。

不特此也，此項查賬員，對於現代資本家所慣用不正之財政手段，以欺騙勞工爲目的，設爲種種附屬公司之組織，陰行隱匿額外之利益，藉以避免在大公司之財政報告上公開發表，以防引起勞工領袖之注意之一種黑幕，亦均能盡量揭破而加以制止。此種黑幕之揭破，在今日之勞工領袖視之，誠爲至難之事。蓋彼輩指摘資本如何欺騙勞工，隱匿利益，所言多屬虛構，不着邊際。然在暫支賬工資制度之下，查賬員則能將黑幕內容，原原本本，和盤托出。指明資本家何日何時以何種手段，由公司營業之利益內，剝奪金錢若干，加以隱藏；使勞工誤信營業之無利，或營業之利益所獲甚微，種種事實。

有組織之勞工，在現代制度之下，藉勞工代表之活動，欲以不正確之方法，尋求一公司營業之內容，并根據不確實之事實，設爲種種要求，而欲人之接受，究不若僱用幹練之查賬員，根據發見之事實草成法案，提出於立法機關，要求早日實現，成爲法律，俾得廢除資本不正之行爲之爲愈也。在今日工資制度之下，勞工領袖，不能不將一職業全體勞工之工資標準，壓低至一水平線。此種情形，固可對於資本之交涉，歸於簡便；然在他方面言之，無論領袖輩之如何聲明尊重勞工，此舉誠不免將勞工降而爲一種商品之階段。反之，就吾人提議之制度言之，每個勞工之初步工資，概以自由競爭爲標準。在一企業界，勞工所得全體之工資，實決定於最後勞工對於該企業努力所生之利益。因之勞工領袖之職務，將益複雜而繁難。故勞工領袖之活動，比較今日更爲切要。彼輩之任務，將於各方面謀勞工之出路。凡勞工之所獲，降低至生活費水平線以下者，必將代爲尋覓較優之工作，俾無利可圖之企業，瀕於倒閉之時，藉可減少勞工之痛苦。

賢明勞工之領袖，在吾人所提議制度之下，必將有重要之新職務，爲今日制度之所不能企望者，即勞工獲取企業盈餘之利益以後，彼輩領袖最大之任務，當爲代替勞工盡指導投資之責任，使勞工如何進行達到管理企業之目的。勞工一旦成就此項大業，彼輩在其企業界，將以股東之資格代表其自身之利益，而出席於董事會。誠如是，則勞工領袖更繁難而更重大之事業，即爲代表勞工，聯合勞工董事與投資董事，直接負管理企業及謀企業利益之責任。最後，勞工領袖不特負指導勞工對於勞工同盟應如何表示其忠誠之責任，即對於企業生產與利益之效率等事，亦負有制定紀律，予勞工以適從之責任也。由是觀之，暫支賬工資制度，不唯不毀滅勞工同盟，而適以使其在企業界中益發揚而光大。所不同者，勞工同盟此後之活動，純爲建設的而非破壞的而已。

·將永遠束縛勞工於同一工作·

勞工第二反對之理由，則謂無論以任何名義，凡一制度，其結果將保留勞工一部份之工資，至年終而始發給者，必將永遠束縛勞工於同一之工作。縱於年中有更佳之位置，勞工亦無接受之機會。此種制度，吾人亦承認其有減少勞工移動之可能。蓋勞工深知彼輩對於其事業，誠有密切之關係，而不易舍棄。因彼輩以一年間之努力而生產利益，究歸自身所享受故也。雖然，在企業界中，減少勞工之轉業，無論在勞資方面或在消費者方面言之，均爲一極好之現象．蓋此誠爲減除企業界中極重大之一消耗也．

然而吾人所提議之制度，亦無須勞工繼續工作於一公司至滿足一年之期間，以謀取得其工作全部之工資．蓋勞工最後利益之分配，乃屬於全年工資之若干成，根據每個勞工應得之比例而發給．是故苟一勞工，在年中脫離公司者，對於最後利益之分配，仍得享受以前從事工作期間所應得分攤之數．設某一勞工，繼續工作三閱月而去職，彼所獲者，卽爲繼續工作全年勞工所獲利益之四分之一．然最足以引起勞工繫戀於其現職者，則莫若在其所工作之企業，除賦予資本以一定之利潤以外，所有盈餘，概歸腦力與膂力之勞工所享受是也．

·資本將有隱匿盈餘利益之虞·

在暫支賬工資制度之下，勞工或以爲資本可利用以隱匿盈餘之利益，使勞工除初步工資以外，不能獲得若何之盈餘．然吾人苟明瞭在此項制度之下，資本既不能隨意增加利潤，復不能將盈餘化作資本，則又何取乎欺瞞勞工而爲隱匿盈餘之舉．蓋此種舉動，對於資本，實無絲毫利益也。

誠如前節所言，吾人如欲防止資本以組織附屬公司之手段而陰行竊取利益之舉，仍不無多少困難。然在此項制度之下，苟能以立法規定，在一切企業界中所有附屬公司或聯合公司，除以現金投資外，不得發行股票。而在公司成立及發行股票以後，此項股票更不得發給超過一定利率以上之股息。如此，則剝奪一公司之利益，以分潤他公司之不正行爲，自可加以制止。蓋組織附屬公司，既必須以現金投資，而此現金資本所獲之利潤，比之原有之母公司，猶未見增長，吾知資本家雖非至愚，亦決不爲此也。

抑有進者，在此情形之下，勞工且得公推幹練之查賬員，爲其代表。而此項查賬員有檢查公司一切賬目簿據之權。苟有侵吞公款之行爲，當然易於發覺而加以反抗。如有必要，更可公訴於法庭，以求其判決。

·勞動時間問題仍不能根本解決·

勞工對於暫支賬工資制度，其次反對之理由，則謂此項制度，仍不能根本解決勞動時間之問題。是以勞資糾紛兩大問題中之一問題，卽勞動時間問題，仍不能不解決於經濟鬥爭之手段。蓋雖有新制度之存在，究竟關於工作時間之解決，仍不能不如今日根據雙方獨斷之要求。則同盟罷工與同盟歇業之舉，仍難幸免也。

關於勞動時間，吾人亦認其爲難於解決之問題。然於此有可以答復反對之理由者，苟一旦採用暫支賬工資制度，勞資本於共同利益之關係，雙方自願致力於企業之繁榮。此實足以緩和勞動時間問題之糾紛。蓋勞工苟明瞭增加時間所生之利益，旣完全歸彼輩所享受者，則彼輩對於增加勞動時間，苟非過於操勞其膂力，必不爲強硬之反對。設有一企業以一定限之勞動時間，足以獲取一定限之利潤者，則凡勞工所增加之時間，卽完全爲彼輩自身所謀之利益也。在他方面言之，苟以更短之勞動時間，而能保證獲取完全之利潤者，則資本亦必不至強硬主張延長勞動時間。蓋延長勞動時間所生之利益，於彼輩實無絲毫之關係也。由是觀之，卽勞動時間之問題，亦可免除同盟歇業或同盟罷工之方法，而得收穫調節之效果。

雖然，資本或不免無理要求延長勞動時間，藉以保障利潤之安全。在每個企業界，每日之工作，究竟以若干勞動時間行之，方爲合理，自屬不易解決之問題。然爲謀舉國經濟之安全起見，每個企業界，每週勞動時間之標準，誠有以立法規定之之必要。現今在若干國家，業已規定勞動時間爲四十八小時矣。

·暫支賑工資制度未能改革遺產制度是以勞工無均等之機會·

現今社會制度，最不公平之一事，足以引起企業界之糾紛者，在本書之前段，已經言之，厥爲現存之遺產制度，使一國之國民，無均等之機會。此項制度，賦予若干國民，享受最優厚之生活，安富尊榮，窮奢極侈，以終其天年，而彼輩對於社會，固曾無絲毫之貢獻，以享有此命分也。同時，此項制度，致若干國民，終歲勞苦，絕無接受高等教育之機會，以求上進，彼輩雖供給社會以大量之生產，而其所享受者，則爲最窮乏之生活，及其終老，或不免淪爲餓莩。勞工對於暫支賑工資制度之不能改革此種社會之不平，或亦不無加以反對之理由。

暫支賑工資制度，吾人亦認爲不能滅絕此種罪惡。然此項制度，因能賦予勞工以分配財富更大之機會，而防遏金錢過度集中於少數富人之手，最低限度，亦足以減少此種痛苦。然苟欲澈底改革此種經濟之不公平，仍須根據個人有權享受其勞力之收穫，苟非對於社會有相當之貢獻，不能享受他人勞力之收穫之原理，而制定特別之法律，以資救濟不爲功。雖然，適用此項原理，以制定特別法律之問題，實已超越本編範圍，故未能直接加以研究也。

第十五章　勞工問題在國際上之形勢

有組織之勞工，深信勞工問題，絕不能以地方或國家爲基礎，而謀永久之解決。因其範圍，超越國界。苟欲謀完滿之解決，非講求國際合作與互助不可。職是之故，各國勞工同盟，遂聯合而爲國家之組織，而此項國家之組織，更復聯袂加入國際之團體。

現今由勞工同盟所組成之主要國際三團體：一爲「安姆斯特丹團體」，或稱「第二國際」。一爲「莫斯科團體」，或稱「第三國際」。一爲國際聯盟附設之國際勞工局。此三團體之中，前之二者，乃根據勞工與資本之間，有恆久不變之敵對主義。彼輩組織之要旨，在謀在國內或國際間，扶植勞工勢力，俾對於資本，爲有效之決鬥。而第三之團體，乃根據勞工資本及國家之總體，有互相維繫之理由，欲謀相互利益之完滿，必須勞資雙方共立於國家公平制度之下，力圖合作不可。由是觀之，國際勞工局組織所根據之主義，亦卽吾人在本編所闡明之主義也。

・人道主義之標準應予以國際共通之頒行以謀永久之確立・

全世界實爲一經濟之單位．舉凡商業國家，莫不互相競爭於世界之自由市場．根據此自由競爭所成立之商品價格，實有左右各商業國勞工僱傭契約條件之可能．蓋一國機械工具，與勞工技能訓練之優越，雖得於國際市場競爭上，對於勞工標準低度之國家暫取勝利．然苟一旦標準低度國家之機械工具，與勞工之技能及訓練，增進至標準優越國家之程度，則國際市場將爲所攘奪．而標準高度國家之勞工，必因之增加失業之恐慌，直至其勞工標準降低至競爭之基點而後已．是故凡爾賽和約弁言關於勞工之部份有曰：「無論任何國家對於勞工，苟不能採用人道主義之待遇者，實不啻予以其他國家希望改良勞工待遇者以莫大之阻力」．

此項困難問題，尤以關於成立適當之勞動時間，及改良利用女工及童工二者，最爲顯著．就目下之情形言之，日本及中國之紡織製造業者，從英國之製造業者手中，現正奪取大部份之遠東市場．因在遠東新興之工業，既未適用何等限制其勞動時間，實爲過分延長有以致之．更就美國人所熟知之一例而言，卽如美國之紡織物市場，漸次由麻省及其他新英蘭各州之製造家之手，而被奪於南部各州．因前者每週維持四十八小時勞動時間之工作，而後者無此限制也．遠東之國家及美國南部之各州，比較標準高度之各國及各州，承認過長之勞動時間者，同時亦大概承認利用童工者也．

在競爭壓力之下，低度之標準，足以壓低高度之標準．麻省之製造業者，將其工場遷往南方．卽爲低度標準壓低高度勞工標準之明證．此種事實，不特有害於勞工，卽在資本方面，亦爲一極不經濟之行動．假使麻省之製造業者，將新英蘭之工場拆除，而完全建立於南方之時，或者西部各州，因欲爭奪紡織工業之故，將勞動時間之限制，或其他標準，再爲降低者，則麻省製造業者，前功盡棄，非再事營謀不可．一國與一國間標準之不同，亦足招致同樣之不安定．蓋資本有流動性，苟資本家發覺在高度標準國家中，經營事業，不能競爭於世界市場者，則其資本必將由高度標準之國家而流入於低度標準之國家，俾其獲取優厚之利益，誠如美國各州之情形，現今英國及其他歐洲諸國，因日本及中國勞工標準低度之故，其資本亦已大受吸引．吾人確信印度亦必將繼起，壓低勞動時間，勞工待遇，及童工等標準，力謀奪取遠東紡織物市場之利益．

由是觀之，苟一國欲永久確立每週四十八小時勞動時間，或任何勞動時間之標準者，則凡與此國在世界市場競爭之所有一切商業國家，亦須共同採用此標準．此項問題，既非一國之問題，尤非一州一地方之問題，此誠為國際之勞工問題．欲謀根本解決，各國之勞工團體，亟須予以國際間之共同行動．在一般企業界中吾人深信，苟欲強制執行每週四十八小時勞動時間之標準，而同時並能予緊急時期以迴旋之餘地者，誠莫如提高延長時間工作及夜間工作之工資，至普通工資之一倍或一倍半以上，俾資本不至輕於嘗試也．

・關稅壁壘不能保障勞工標準・

勞工嘗受資本努力之宣傳，謂提高關稅，即所以增長勞工之工資．然勞工未嘗計及提高關稅，亦足以增長勞工需要品之價格，而尤為彼輩所未能瞭解者，在關稅壁壘之下，商品價格之昂騰，實超越於工資增長之上．是則勞工實際之工資，即勞工之購買力，反因關稅之提高而銳減也．

就關稅之原則言之，凡一國家，對於若干商品，不能在本國製造而與他國在自由市場競爭者，則必征收關稅．對於若干商品，能在本國製造行銷國內，且能在國外與他國競爭者，則無征收關稅之必要．苟對於一國輸出國外與他國競爭之商品，而亦征收關稅者，實不啻爲一自殺之政策．是以製造有關稅保護商品之製造家，必比較製造無關稅保護而能行銷國內，且能在國外競爭之商品之製造家，尤須努力使用勞工及資本，以求達到價格之低廉，俾得以價格低廉之商品，在國外易取須受關稅保護之商品．

關稅之稅率，卽爲勞工與資本損失之尺度，苟某種商品，須加以百分之六十之保護關稅，而始能在國內製造者，則一國自行製造此商品，實較之輸出無須關稅保護而能在國際市場競爭之商品，以易取此商品，尤須增加百分之六十之負擔也．

使用勞工及資本，而獲取比較更少之效果，卽爲減少企業界生產品之數量．生產品數量之減少，不問工資之所獲如何，亦卽爲消費量之減少．換言之，苟一國之關稅壁壘，引致其勞工及資本從事不適於本國之製造業者，則其製造品價格之昂貴，必超越於工資之增高也．

今欲使讀者更爲明瞭起見，姑設一極端之例以說明之．譬如欲在美國從事製造樹膠之事業，苟使用十倍在熱帶地方所需要之勞工及資本，或爲可能之事．如此，則每磅樹膠之生產費，當爲熱帶地方生產費之十倍．今欲謀「保護本國工業」，對於樹膠之輸入，非課以從價九倍之關稅不可．誠如是，則國內之消費者，對於一切包含有樹膠原料之製造品，非支付現行價格之十倍不可．然而從事製造樹膠之勞工，絕不能獲取十倍之工資，不過徒然消耗勞工十倍之勞力，或勞工工作日數之十倍而已．

設又有一多山之國土，本宜於採鑛者，今轉而從事種植穀麥．對於穀麥之輸入，課以相當之重稅，俾國內之農民，得以競爭．其結果亦復如是．在此情形之下，國內之消費者，必須支付昂貴之麥價，然而農民之工資，並不因是增加．所不同者，不過必需運用若干倍之勞力，以種植國內所需要之穀麥耳．然苟以原有之勞力，從事採鑛，則鑛產之收入，實已足在國外易取同量之穀麥職是之故，所增加之勞力，純屬糜費之工作。苟推想及於全國之各種企業，此誠足以影響一般工資而致減少其購買力。在相對之情形言之，一切關稅壁壘，結果大概如是，仍不能予勞工以安全之保障也。

·勞工移民之自由·

最後本章關於國際勞工問題所欲言者，雖非對於勞工問題及資本問題，在國際上之形勢，爲深奥之探討，不過欲提示國際問題中最重要問題之一端，加以考慮，俾讀者得以明瞭，苟欲根本解決此項問題，則尙有待於國際團體之合作耳。凡守法之勞工，應予以移居自由之權，俾得遷移至任何國土，或改善其地位，或應勞力之需求。移居之自由，不特爲人類原始之權利，政府所不能剝奪。抑且勞工在一方自由遷徙，卽爲他處勞工留有餘之地步。勞力之供給，苟能成爲世界市場，則其結果，必較狹隘而有限制之國內市場或地方市場，更爲安定，而益可防止失業之蔓延矣。

讀者苟欲證吾人論斷之有力，試一考求前此歐洲若干地方之法律，嘗禁絕一地方之勞工離去本境，卽可知其結果．蓋一地方，或勞工過剩，形成失業恐慌之時，在其隔鄰之地方，適苦無勞工從事製造事業，在此種情形之下，苟勞工能自由遷徙者，則一舉可以解決雙方困難之問題矣．

範圍愈廣大之土地，企業之種類亦愈複雜，交通機關愈便利之地方，勞工之需要亦愈有恆而穩固．此不獨一國爲然，卽舉全世界之商業國家合體言之，亦莫不皆然也．苟賦予勞工以充分自由之權，得由勞工過剩之任何國家，移居於渴望勞工之任何國家，以求僱傭者，則全世界勞工之需要，必能達到有恆與穩固最大之限度，而得銳減失業之痛苦．誠如是，必能獲得一勞工需要之水平線．其升降之變動，比諸以法律局限之國內勞工需要之水準，尤爲微小．因法律之限制，實違反人類天然固有之自由以求其自以爲最適於生存之地域也．

勞工移民之自由，不獨足以減輕世界失業之痛苦（苟同時資本亦不受法律之限制，而得自由流動於世界，生產品亦不受何等限制，而得自由競爭於國際市場者），其結果且可使各國之勞工，受僱於生產最大之工作．因之商品亦得以最廉之生產費而製造．商品價格之低廉，亦即爲國際工資實際之增加。由是觀之，勞工豈非比較今日得一更大之購買力與更高之生活標準乎。

·國際組織之必要·

欲謀解決吾人所述國際勞工問題，或其他國際問題，必須有國際合作與國際組織。欲維持國際勞工之標準，尤須有國際組織，以利各國之推行。起草凡爾賽和約之各國政治家，深知苟欲世界永久之和平，非先謀剷除現代企業制度之痛苦不可，彼輩且深知苟欲剷除現代企業制度之痛苦，非聯合各國謀國際一致之行動不可。職是之故，彼輩遂建設一國際勞工局。其目的在以國際爲基礎，解決企業諸般重要問題，而謀確立國際勞工之標準。此國際勞工之組織，現下雖尙屬幼稚，不能多所作爲。然苟假以時日與經驗，吾人相信必能成爲一有效之實力，俾得於國際間，確立勞工人道之標準。誠如是，則各國之勞工與僱主，乃得立於公平之地位而競爭，然後各國之勞工，方有公平之勞工生活。

第十六章　資本問題在國際上之形勢

·商業之水平線·

就資本方面觀之，比較勞工之觀點，更覺世界爲一經濟之單位．資本之流通於世界，比較勞工，更爲活動．資本既無家族觀念，又無祖宗成法使之死守於一國之內．苟他國有予以更大之利益者，必被吸引以去．設無政治之限制爲人工之阻礙者，則其流動性有如水之就下，尋覓水平線．資本在過剩之國家，利率低微，必自然流出而注入於資本缺乏之國家，以獲取優厚之利潤．

企業界之生產品亦然（生產品不過爲資本之變態，形成爲可以出售之商品．）苟國際貿易，不爲政治所干涉或拘束，則必在世界之任何國家，自由尋覓其市場．商業原無情感作用，苟需要殷切而可獲優厚之代價者，不論市場之在於製品之本邑或遠在地極，製造者必樂於出售其製品．西方之資本與東方之資本，既無種族之歧視，由寒帶遷移資本於熱帶，又無習服水土之必要.

資本若無政治之限制,必能達到建立一全世界金融市場之目的,使全世界利率,趨於一水平線.如此,則無論在世界之任何區域,利率必歸於安定.雖然,吾人所不能忽視者,即資本之報酬,乃爲兩原素所構成.一爲利潤,一爲危險之保障.而危險之原素,在世界各地方,因於政府之不穩固,法律手續之不確定,及民衆道德品性之差異等,顯有不同.

在世界各國中,苟欲商業之繁榮,職業之安定,其先決之問題,即爲金融利率之安定與一致.職是之故,在全世界中,資本之流動,應隨需要予以充分之自由,不獨資本深受其益,即勞工方面,亦蒙莫大之福利矣.

·政府之限制足以妨害資本之活動·

然而世界多數國家,其政府不特濫用職權,蹂躪勞工之人權,縱使彼輩服從遷移地方之法律,仍禁遏彼輩自由遷徙於任何國土,以營謀彼輩自以爲最善之生活.抑且蹂躪資本家之人權,縱使彼輩遵守運用其資本地方之法律,仍禁遏彼輩自由投資於任何國土,以經營商業。前者之行動，誠如前章所言，足以妨害勞工自由之分配，而致阻礙勞工之職業與繁榮。後者之行動，足以妨害資本供給於最需要之地域，而致阻礙其最有效之運用。

現代社會，因世界大戰之結果，造成一極狹隘之國家主義。此種主義，促成世界弱小民族厲行自衛自足之政策。對於輸入品，征收高額關稅，禁止物品之輸出，限制資本之輸出，及禁止外資之輸入。

此種自衛自足之政策，世界各國之政治家，以爲係防止戰爭必須採取之防衛手段。蓋苟一旦與外國開戰，而事事須仰給於交戰國者，則自國必立於極不利之地位。言之雖屬成理，然而當代之政治家，又有未見及者，即此種自衛自足之政策，或反適足以引起彼輩所憂慮之戰爭。假使有一不產煤之國家，因鄰國禁止輸出煤炭之故，以致不能獲取必要之燃料，其結果或不免引起戰爭，直至佔領併吞此產煤之國而後已。然苟輸出輸入均有絕對之自由者，則佔領併吞鄰國之動機，即無由而生矣。

更就關稅限制之例觀之，苟一國家高築關稅壁壘，禁遏他一國家生產品之輸入，而此生產品之輸出，適爲他一國家繁榮之所繫者，必將引起莫大之惡感。此第二之國家，亦必將施行報復手段，高築關稅壁壘，禁遏第一國家輸入其重要之輸出品。如此，則此種報復關稅，必致兩國間生巨大之裂痕，其結果或終釀成戰爭而後已。

此種政府之禁制手段，實強令資本運用於比較生產低微之事業。其結果即使人類少獲商品之供用。因之全世界之生活標準爲之降低。其尤感覺此痛苦者，厥爲全世界無恆產之勞工。由是觀之，勞資之間，更無其他問題，比較確立一國際安定之局，無關稅無禁運或其他限制，使資本與商品得自由流通於全世界爲切要且重大也。

·外國投資之不可破壞·

資本能由一國自由流通至他國，即爲平衡物價與工資，建立商業水平線，增進國際貿易，及安定勞工職業之一偉大勢力。資本家猶之勞工，有天賦自由之權，得遷徙於世界任何地方，尋覓其生活。彼輩亦有天賦自由之權，得在任何地方，運用其資本，以達到最大生產之目的，致其事業於繁榮。故無論任何政府，或在陸上，或在海面，或在平時，或在戰時，有以武力沒收資本或商品者，卽不啻爲濫用政府之職權也。

資本對於政府設爲種種理由爲無理之強奪，苟無充分之保障策其安全，則將末由自由運用於最生產之途徑。資本家對於在外國所投之資本，如有被沒收或被重稅或被其他不平待遇種種顧慮時，則其資本將不能自由輸入於此等外國，以謀共同之利益。其結果必將驅資本於生產低微之投資，因生產減少之故，全般社會益形窮乏。

試就開採銅鑛或鉛鑛之公司言之，苟因政治之惡劣或其他限制之故，不能投資於鑛產豐富之區域，不得已轉而運用其資本於安全之國土。然而運用同量之資本與勞工所採掘之銅鑛或鉛鑛，或祇得比較開採於鑛產豐富區域之半數，因此銅或鉛之價格在世界市場必昂貴至一倍。凡屬以銅或鉛爲原料之一切製造品之價格，亦必同時上漲。職是之故，資本在世界上凡被限制而不能自由流動者，則人類必愈加困窮。政府凡以暴力沒收外資，不問在平時抑在戰時，均得視爲濫用職權者也。

上述勞資問題，在國際上之形勢，綜結論之，卽產業自由，產業安全，勞工與資本家之自由工作或自由投資於世界之任何國家，應脫離政府之限制，關稅之壁壘，或其他禁例，以謀其天然之發展．產業之安全與政治之安定，原有密切之關係．苟關稅壁壘，禁止輸出及其他禁例之經濟戰爭，繼續演進者，吾人絕不能希望國際永久之和平．而世界各國，苟對於國家之安全，未能得到充分之保障者，亦不願自動撤消此項經濟之限制．由是觀之，建設政治之和平與建設經濟之和平，應協同動作，以求其實現．世界各國多數之政治家，今已明瞭如欲解決此種問題，必須要求國際之互助及世界之組織．

國際互助與國際組織之問題，已詳論於著者另一書中，題爲「世界和平之路．」此處不復再述．本書主要之目的，雖爲介紹暫支賬工資制度，以爲解決產業界協調之問題．然因欲闡明吾人苟欲謀勞工資本及消費者之最大利益，非以國際爲基礎解決產業界之問題不可．更非以世界爲一經濟之單位不可．蓋世界祗爲一經濟之單位也．故特爲加添最後兩章，以說明之耳．

勞資協調論終

民國二十六年二月印刷
民國二十六年[illegible]行

現代經濟叢書 勞資協調論（全一冊）

實價國幣五角
（郵運匯費另加）

[illegible]者 美國紐藩
[illegible] 李暮
發行者 中華書局有限公司
代表人路錫三
印刷者 上海澳門路 中華書局印刷所
總發行處 [illegible]路 中華書局發行所
分發行處 各埠 中華書局

（本書校對者俞慶棠 萬迪儒）
（一一一三）